新疆农业职业技术学院现代学徒制试点学徒岗位教材

报税会计学徒岗位手册

毛德敏　陈　婷　主编

中国农业大学出版社
·北京·

内 容 简 介

本书立足于报税会计岗位对税法知识与应用能力的需要，以报税会计岗位工作中纳税申报为主线，以增值税、消费税、企业所得税、个人所得税和印花税种业务为载体，吸收最新税法信息，选取企业典型工作任务，打造金牌报税员。全书包括三部分，第一部分步入企业，第二部分认识岗位，第三部分学徒工作学习任务。

本书既是一本企业师傅指导学徒工作学习的手册，也是一本学徒学习操作手册。

图书在版编目(CIP)数据

报税会计学徒岗位手册/毛德敏，陈婷主编. —北京：中国农业大学出版社，2020.7
ISBN 978-7-5655-2388-5

Ⅰ.①报… Ⅱ.①毛… ②陈… Ⅲ.①税务会计 Ⅳ.①F810.62

中国版本图书馆 CIP 数据核字(2020)第 126135 号

书　　名 报税会计学徒岗位手册
作　　者 毛德敏　陈　婷　主编

策划编辑 康昊婷　　**责任编辑** 韩元凤
封面设计 郑　川
出版发行 中国农业大学出版社
社　　址 北京市海淀区圆明园西路 2 号　　**邮政编码** 100193
电　　话 发行部 010-62733489，1190　　读者服务部 010-62732336
编辑部 010-62732617，2618　　出　版　部 010-62733440
网　　址 http://www.caupress.cn　　**E-mail** cbsszs@cau.edu.cn
经　　销 新华书店
印　　刷 涿州星河印刷有限公司
版　　次 2020 年 11 月第 1 版　2020 年 11 月第 1 次印刷
规　　格 787×1092　16 开本　10.25 印张　200 千字
定　　价 31.00 元

编写人员

主　编　毛德敏　新疆农业职业技术学院

　　　　陈　婷　新疆金风科技股份有限公司

副主编　李双双　新疆农业职业技术学院

　　　　吴　洋　新疆农业职业技术学院

　　　　程传灵　新疆农业职业技术学院

参　编　（排名不分前后）

　　　　艾洪娟　新疆农业职业技术学院

　　　　王冲冲　新疆农业职业技术学院

　　　　金　萍　阿克苏润坤财务咨询管理有限责任公司

　　　　陈晓江　庭州万江财务咨询有限公司

　　　　吴　晶　昌吉市全湘源税务师事务所

　　　　胡建印　新疆昌吉特变能源有限责任公司

主　审　王海波　新疆农业职业技术学院

　　　　史　梅　新疆农业职业技术学院

前　言

学徒岗位课程以从事学徒岗位综合职业能力标准和质量要求为依据，在师傅指导培训下从事和完成学徒岗位工作，在实践育人过程中完成课程学习。教材立足报税会计岗位职责，编写总体思路是跟着干，干中学。教材按照企业报税流程，以企业主要税种业务为载体来选取典型工作任务，涵盖核心能力，以培养管理思想，增强掌控能力，打造金牌报税员为目的。全书包括三部分，第一部分步入企业，第二部分认识岗位，第三部分学徒工作学习任务。

教材的主要特色与创新如下：

校企合作。本书由新疆金风科技股份有限公司总账会计陈婷，昌吉市金湘源税务师事务所所长吴晶，阿克苏润坤财务咨询管理有限责任公司副总经理金萍，庭州万江财务咨询有限公司经理陈晓江与新疆农业职业技术学院的老师共同设计并参与教材编写。

体例别致。步入企业，对企业有基本认识。认识岗位的 2 个专题，让学生从思想上成为学徒。工作学习任务是重要内容，每一项任务中都有任务目标与质量要求、学习产出目标、工作程序与方法要求、工作任务实施记录与评价这样的特别设计，在于注重学徒培养质量，注重产出。

学做一体。紧密结合企业报税会计岗位，突出岗位操作，按照业务时间发生顺序和报税流程，师傅带领学徒展示每一步操作，随着学生业务知识的不断积累，放手让学徒填制纳税申报表，完成网上报税。

精耕细作。从岗位任务入手，对操作过程的每一步进行精细设计。精确指导，学徒对照任务步骤，可以精准学习操作，精确完成任务，培养责任意识，从而提升学习效果，培养金牌报税会计。

本书由新疆农业职业技术学院毛德敏与新疆金风科技股份有限公司总账会计陈婷担任主编，新疆农业职业技术学院李双双、吴洋、程传灵担任副主编，毛德敏与陈婷共同负责拟定编写思路和大纲，由毛德敏对全书进行统稿。具体分工如下：毛德敏与陈婷负责编写第三部分中项目二和项目四，吴洋和昌吉市金湘源税务师事务所所长吴晶负责编写项目一，李双双和阿克苏润坤财务咨询管理有限责任公司副总经理金萍负责编写项目三，程传灵和庭州万江财务咨询有限公司经理陈晓江负责编写项目五。吴晶、胡建印负责编写第二部分中报税流程和工作内容，金萍负责编写第二部分中岗位职责。新疆农业职业技术学院艾洪娟负责编写岗位标准、学徒选拔与考核标准。新疆农业职业技术学院王冲冲与陈晓江负责编写第一部分。

编　者
2020 年 6 月

目　录

第一部分

The first part

The first part

The first part

The first part

步入企业

入职培训专题 1

企业基本信息

特别说明：本书中所涉及的所有企业信息都是经过修改的，如有雷同，纯属巧合。

无论是农业、工业还是服务业的企业，不管是大型企业还是中小型企业都会涉及报税业务的处理，规模较大的企业财务部门设置报税会计岗位，而中小型企业由于业务量不大以及人工成本的考虑，一般由会计或是出纳兼做报税会计的工作，不再单独设置报税会计岗位。不同的企业因其业务不同，所涉及的税率和税收优惠政策有所不同，但网上报税流程基本一致。以下以新疆南通振兴有限公司为例介绍企业基本情况。

新疆南通振兴有限公司是一个主营白酒的企业，主要生产清、浓、酱、兼香四个香型 50 多个品种的白酒，产品销往新疆各地。公司设有董事会、监事会、人力资源部、仓储物流部、技术质量部、财务部、采购部和销售部等部门。现有员工 296 人，各类专业技术人员 47 人，占地面积 5 万 m^2，年设计生产能力达 1 000 t 以上。

企业地址：新疆昌吉市河滨路 76 号

企业性质：有限公司

纳税人类型：增值税一般纳税人

开户银行：基本户：中国银行昌吉支行　账号 097××××6511

结算户：中国银行昌吉支行　账号 096××××5324

税务登记证号：91652301××××××3144

企业法人代表（董事长）：陈×

总经理：何×

会计主管：王×春　报税会计：杨×　出纳：万×

入职培训专题 2
企业管理文化

一、企业组织机构

有一定规模或管理较规范的企业都会有明确的企业组织结构，无论是农业、工业还是服务业的企业，都会设置总经理、财务部、人事（人力资源）部、销售部、行政（综合）部等部门。不同行业企业组织机构设置见图 1-1-1 至图 1-1-3。

以下以新疆南通振兴有限公司为例介绍企业组织机构。

新疆南通振兴有限公司是股份制企业，股东大会是最高权力机构，由全体股东组成，依法行使职权。股东大会每年召开 1 次年会，并根据需要召开临时股东大会。董

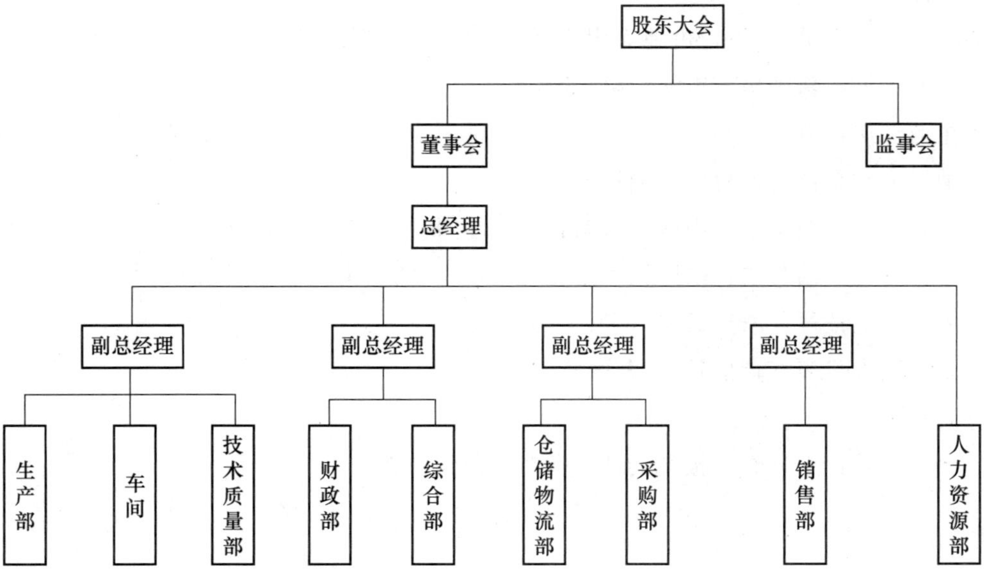

图 1-1-1　工业企业组织机构图

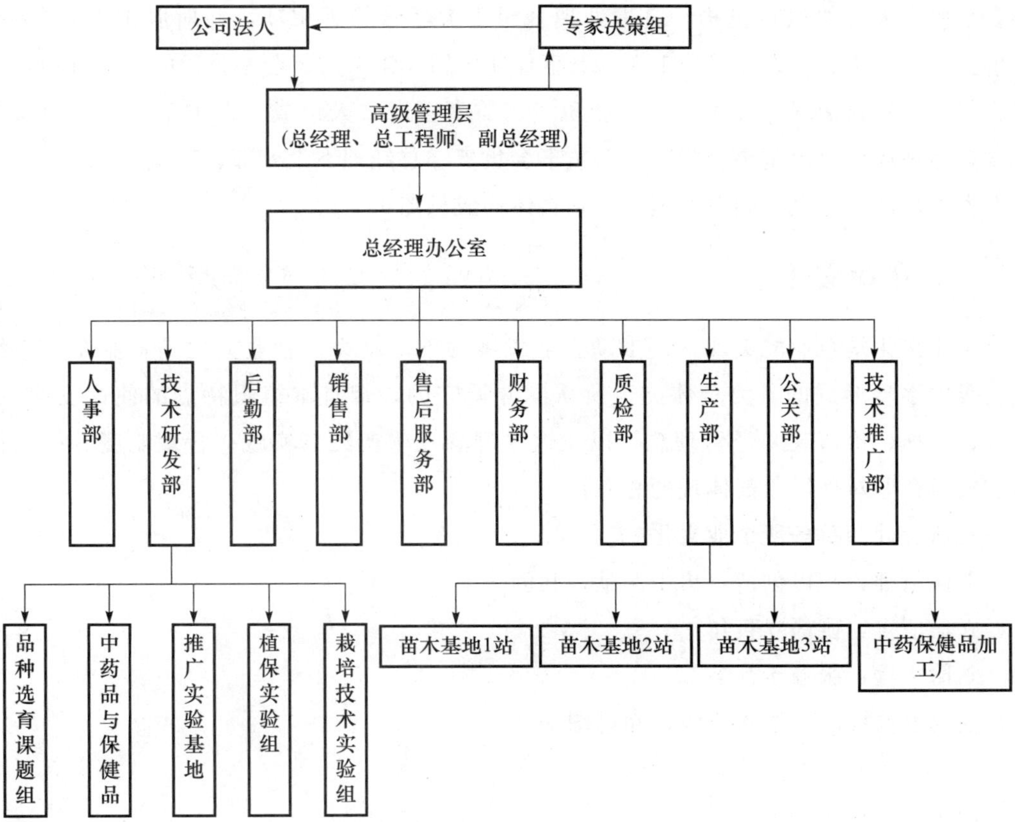

图 1-1-2 农业企业组织机构图

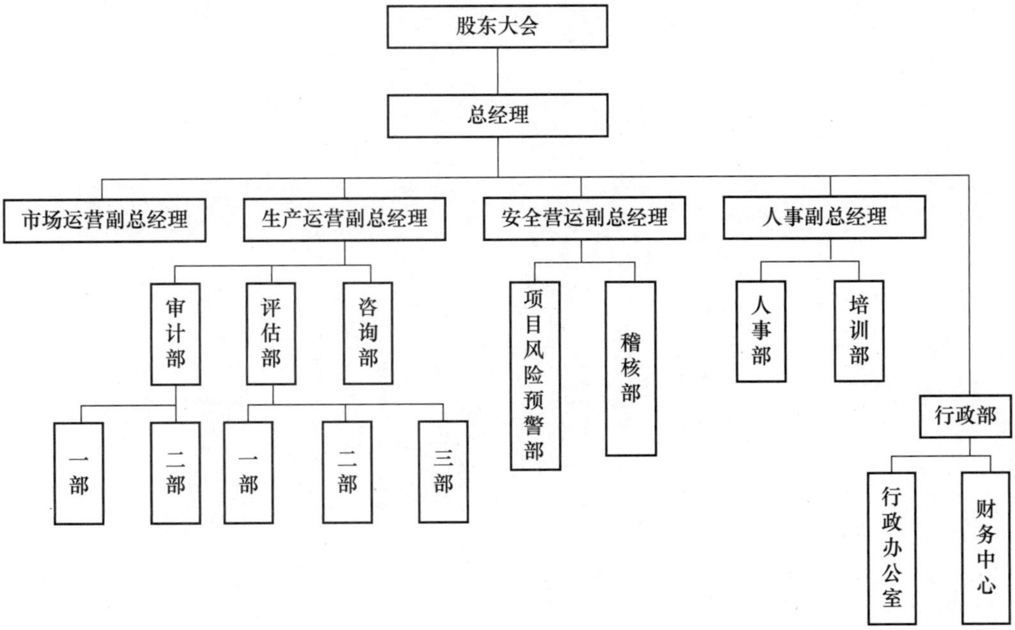

图 1-1-3 会计师事务所组织机构图

事会是股东大会的执行机构，负责处理公司重大经营管理事项，并对股东大会负责。董事会由5人组成，设董事长1人，董事任期每届3年。监事会是公司的监督机构，监督公司业务执行情况，并对股东大会负责。监事会由3人组成，设主席1人。南通振兴设总经理职位，由董事会聘任，对董事会负责。总经理下设8部、1车间，总经理直管人力资源部，其余由副总经理分管。具体构成见图1-1-1。

二、企业文化

企业文化是企业的灵魂，是推动企业发展的不竭动力。企业文化是企业在生产经营实践中逐步形成的，为全体员工所认同并遵守的，带有本组织特点的使命、愿景、宗旨、精神、价值观和经营理念，以及这些理念在生产经营实践、管理制度、员工行为方式与企业对外形象的体现的总和。

立信会计师事务所企业文化

立信精神：积极创造，勇于奉献，共创未来

立信信言：诚信立百年

立信宗旨：服务于社会

立信道德标准：饮水思源，知恩图报

第二部分

认识岗位

The second part
The second part
The second part
The second part

入职培训专题 1
认识报税会计岗位职责

报税会计岗位职责具体见表 2-1-1。

表 2-1-1　报税会计岗位职责

<table>
<tr><td>岗位名称</td><td>报税会计</td><td>所在部门</td><td>财务部</td></tr>
<tr><td>直接上级</td><td>核算（主管）会计</td><td>直接下级</td><td>无</td></tr>
<tr><td colspan="4">职责概述：负责公司涉税业务的核算和管理</td></tr>
<tr><td colspan="4">职责与工作任务：负责公司涉税业务的核算和管理，税金计算与申报，负责各项涉税统计报表的填报；负责公司各种发票的领取、使用和保管工作；负责税务资料的装订保管工作；涉税问题对内对外沟通；涉税业务内部控制与培训；协助领导完成其他涉税业务</td></tr>
<tr><td rowspan="5">职责一</td><td colspan="3">职责表述：负责税金计算与申报，各项涉税统计报表的填报</td></tr>
<tr><td rowspan="4">工作任务</td><td colspan="2">严格对各种发票特别是增值税专用发票进行审核，及时进行发票认证</td></tr>
<tr><td colspan="2">编制上报各类报表，每月按时进行纳税申报，用好税收政策，规避企业涉税风险，依法纳税；填报公司涉税的各种统计报表</td></tr>
<tr><td colspan="2">负责税金及附加、应交税费、所得税科目凭证填制及明细账登记、核对</td></tr>
<tr><td colspan="2">负责减免税、退税的申报和办理</td></tr>
<tr><td rowspan="4">职责二</td><td colspan="3">职责表述：负责公司各种发票的领取、使用和保管工作</td></tr>
<tr><td rowspan="3">工作任务</td><td colspan="2">负责增值税专用发票、增值税普通发票等各种发票的领购、保管，按规定及时登记发票领购簿</td></tr>
<tr><td colspan="2">正确及时开具增值税专用发票、增值税普通发票</td></tr>
<tr><td colspan="2">提报已保存五年以上普通发票，统计发票号码及发票本数，送国税征税大厅审核后销毁</td></tr>
</table>

续表 2-1-1

职责三	职责表述：负责税务资料的装订存档工作	
	工作任务	负责记账凭证的及时装订
		负责申报表、审批表的及时装订存档
		负责各种发票存根联的整理、税务相关资料的装订存档
职责四	职责表述：负责涉税问题对内对外沟通，建立良好的业务关系	
	工作任务	接受各部门涉税业务咨询，合理协助解决业务困难
		有计划地对会计、业务人员、出纳进行税务培训
		协助处理开票系统操作故障或业务咨询
		收集最新税务法律法规，跟踪税务检查监管动态
		及时与税务机关就新业务进行涉税沟通
		负责接待税务质询和检查工作
职责五	职责表述：负责涉税业务的内部控制工作	
	工作任务	把握税法原则，保证业务在符合税法要求下开展
		规范各项涉税事项的核算、管理流程，对发现的问题及时反映，并提出整改方案
		每月对纳税申报、税负情况进行综合分析，提出合理化建议
职责六	职责表述：完成部门领导交办的其他临时工作	

权力：

业务权	对所在部门重大经营管理活动的知情权 对所在部门管理制度、工作流程的建议权 对涉税业务执行中的检查权、监督权 对所在部门相关信息、资料、数据的搜集权、索取权 对主要合作单位的涉税条款选择建议权
人事权	无
财务权	部门预算内费用的使用权
工作协作关系：	

内部协调关系	本公司各部门
外部协调关系	税务局、往来单位

入职培训专题 2

认识报税会计工作流程及主要内容

一、报税会计工作流程

报税会计工作流程见图 2-2-1。

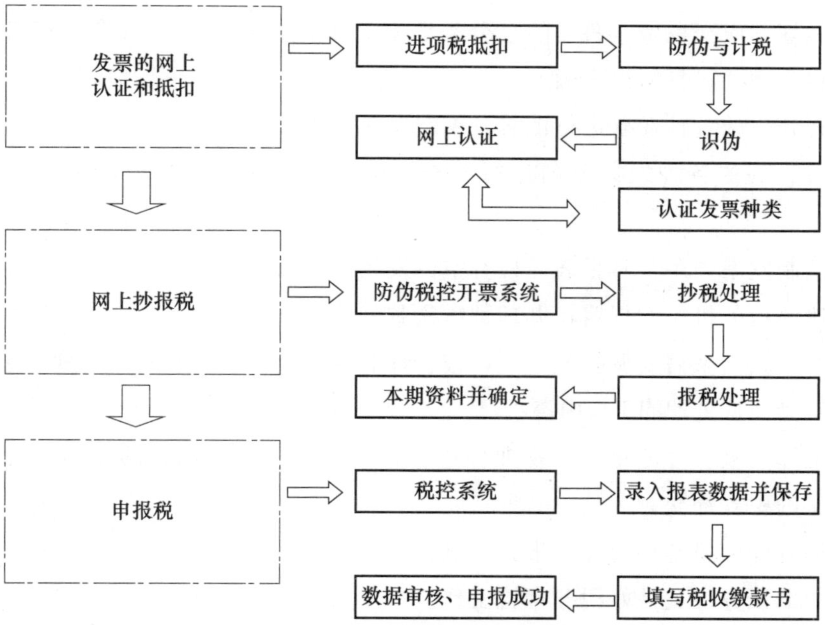

图 2-2-1　报税会计工作流程

二、报税会计主要工作内容

（一）月初的工作内容

首先进行网上申报，按不同税种分别填写纳税申报表，进行网上申报，并打印出报表；

第二，根据“应交税费”科目的贷方余额划转税款，进入纳税科目；

第三，税款缴纳，取回完税凭证，报送相关报表；

第四，根据完税凭证编制税款缴纳的记账凭证，完成上月的税务处理工作。

（二）月中的工作内容

（1）每天根据所发生的涉税业务的原始凭证编制记账凭证，并在“应交税费”明细账上登记。

（2）做好发票的购买、领用、开具、验收、保管工作。

（3）做好退税和减免税办理工作。

（4）积极配合税务机关征管员做好对本企业的税收征管工作。主动做好情况介绍、资料提供、纳税情况汇报等工作。

（5）做好相关新税收政策的学习。

（6）做好纳税筹划工作。

（7）做好税法的宣传、解释工作。

（8）做好其他特殊工作。如税务变更登记、税务大检查等。

（三）月末的工作内容

（1）做好“应交税费”科目的总分类账登记工作，并与明细账进行核对，进行月度结转，将各相关科目结出余额。

（2）将开出的各种发票进行汇总，编制发票使用汇总表。

（3）将收到的各种发票重新进行检查，编制发票取得汇总表，并进行网上认证确认。

（4）编制发票领用存月报表，检查空白发票的库存数。

（5）按照税务机关的规定，办理预缴税款的业务。

（6）对检查出来需要调整的账项，按会计制度、会计准则和税法的要求进行调整。

（四）年末应处理的工作内容

（1）汇算清缴。对全年的涉税业务进行汇算清缴，需要调整的账项按税法进行调整，该补交的税款补交。

（2）编制并上报各种税务年报，并进行网上申报。

（3）协助税务机关做好税务年检工作。

第三部分

The third part

The third part

学徒工作学习任务

The third part

The third part

项目一　增值税核算与纳税申报

任务一　增值税会计核算

在师傅指导带领下，熟知增值税的基本规定和计算方法，计算增值税销项税额、进项税额及应纳税额，会进行进项税额转出处理，根据涉税业务原始凭证编制其核算的会计分录。

【任务目标与质量要求】

熟知增值税的基本规定和计算方法，计算增值税销项税额、进项税额及应纳税额，会进行进项税额转出处理，根据涉税业务原始凭证编制其核算的会计分录。

【学习产出目标】

1. 能复述增值税应纳税额的计算公式；
2. 能正确计算不得抵扣进项税额并进行进项税额转出处理；
3. 能根据原始凭证编制会计分录。

子任务1　凭票抵扣增值税销项税额的核算

7月2日向华鸣百货公司销售啤酒10 t，取得增值税专用发票（凭证3-1-1）。在师傅指导带领下，根据原始凭证正确核算增值税销项税额，并对此项业务进行账务处理。

【任务目标与质量要求】

熟知以票抵扣增值税销项税额的基本规定，正确核算增值税销项税额。

【学习产出目标】

能根据原始凭证熟练算出增值税销项税额，并编制会计分录。

凭证 3-1-1

新疆增值税专用发票

全国统一发票监制章 新疆维吾尔自治区税务局

3200031001　　　　　　　　　　　　　　　　　　开票日期：2019年07月02日

购买方	名　　称：华鸣百货公司 纳税人识别号：32040032××××7783 地 址、电 话：淮安市友谊路32号85×××880 开户行及账号：建行淮安区分行238×××6654				密码区		
货物或应税劳务、服务名称	规格型号	单位	数量	单价	金额	税率	税额
啤酒 合　计		吨	10	2800.00	28000.00 ¥28000.00	13%	3640.00 ¥3640.00
价税合计（大写）	⊗叁万壹仟陆佰肆拾圆整（小写）¥31640.00						
销售方	名　　称：南通振兴有限公司 纳税人识别号：91652301××××××3144 地址、电 话：河浜路76号85×××632 开户行及账号：中行昌吉支行097××××6511				备注	南通振兴有限公司 91652301××××××3144 发票专用章	

第一联 记账联 销货方记账凭证

收款人：　　　　复核：　　　　开票人：万×　　　　销售方（章）

【工作程序与方法要求】

步骤 1　计算销售啤酒的增值税销项税额

师傅指导：根据增值税专用发票填列的税额，直接确定为销售啤酒的增值税销项税额。也可以通过增值税专用发票销售金额和税率计算销项税额。

应纳销项税额＝28 000×13%＝3 640 元

步骤 2　录入销售啤酒的会计分录

师傅指导：原始凭证中没有银行支票回单，所以此项业务的借方记“应收账款”，同时，将啤酒销售出去，要给购买方开具发票，确认增值税销项税额。因此，会计分录如下：

借：应收账款——华鸣公司　31 640

　　贷：主营业务收入　28 000

　　贷：应交税费——应交增值税（销项税额）3 640

步骤 3　根据出库单录入会计分录

师傅指导：销售啤酒，确认了收入，同时要结转成本。首先找出编号 02001 的出库单（凭证 3-1-2），根据出库单上记载的成本录入会计分录如下：

借：主营业务成本　18 000

　　贷：库存商品——啤酒　18 000

凭证 3-1-2　产品出货单

日期	编号	用途	产品名称	单位	数量	单位成本	总成本	购货单位
7.2	02001	销售	啤酒	吨	10	1800.00	18000.00	华鸣百货公司

主管：　　会计：王×春　　保管人：李×　　经手人：

子任务 2　增值税销项税额的核算

7 月 5 日，公司将 2 t 自产的啤酒作为福利发放给本公司职工，该啤酒生产成本为 1 800 元/t，计算该项销售业务的增值税销项税额（凭证 3-1-3）。

【任务目标与质量要求】

熟知核定销售额的计算，正确核算增值税销项税额。

【学习产出目标】

能根据原始凭证熟练核定销售额，计算销项税额，并编制会计分录。

凭证 3-1-3　产品出库单

日期	编号	用途	产品名称	单位	数量	单位成本	总成本	购货单位
7.5	02002	福利	啤酒	吨	2	1800.00	3600.00	南通振兴有限公司

主管：　　会计：王×春　　保管人：李×　　经手人：

【工作程序与方法要求】

【业务知识】

（1）企业将自产、委托加工的货物用于集体福利或个人消费，视同销售行为，征收增值税。

（2）啤酒属于应税消费品，在生产阶段要征收消费税，在销售啤酒环节，不再征收消费税。

（3）视同销售行为无销售收入的，由主管税务机关核定销售额，若货物属于征收消费税的范围，其组成计税价格中应加上消费税税额。

步骤 1　计算销售啤酒的消费税额

师傅指导：视同销售的啤酒没有销售收入，按照成本单价确定消费税税额，在税率表中可以找到对应的消费税税率，计算消费税。

应纳消费税＝2×220＝440（元）

甲类啤酒，指每吨出厂价（含包装物及包装物押金）≥3 000 元（含 3 000 元，不含增值税），适用税率为 250 元/t；乙类啤酒是指每吨出厂价（含包装物及包装物押金）＜3 000 元，适用税率为 220 元/t。

步骤 2　计算销售啤酒的组成计税价格（销售额）

师傅指导：企业将自产产品作为福利发放给职工，视同销售，在会计上没有收入，不做销售处理，但是在税法上视同销售，需要核定组成计税价格，相当于销售额。

组成计税价格（销售额）＝成本×(1＋成本利润率)＋消费税税额

＝3 600×(1＋10％)＋440＝4 400（元）

步骤 3　计算销售啤酒的销项税额

师傅指导：根据步骤 2 计算得出的组成计税价格，乘以增值税税率，计算增值税销项税额。

销项税额＝销售额（组成计税价格）×税率＝4 400×13％＝572（元）

步骤 4　根据出库单录入会计分录

师傅指导：作为福利发放啤酒，虽然没有取得收入，但也要结转成本。首先找出编号 02002 的出库单，根据出库单上记载的成本录入会计分录如下：

借：主营业务成本　　3 600

　　贷：库存商品——啤酒　　　　3 600

师傅要求：销售货物时无论取得的是增值税专用发票还是普通发票，只要在发票上找到销售额，乘以适用税率即可计算得出销项税额，计算要正确。录入会计分录，有问题主动发问。

注意事项：

① 计算销项税额的销售额一定是不含增值税的，如果含有增值税，需要换算成不含增值税的销售额，再进行销项税额的计算。

② 一定要注意不同销售方式下销售额的确定。

③ 核定销售额时成本利润率一般为 10％。

④ 会计分录要标明二级明细科目。

子任务 3　增值税进项税额的确定

7 月 8 日，南通振兴有限公司委托徐州凯达公司加工一批货物，取得原始凭证 2 张（凭证 3-1-4、凭证 3-1-5）。

【任务目标与质量要求】

熟知一般纳税人增值税进项税额计算方法，正确计算增值税进项税额。

【学习产出目标】

能根据原始凭证熟练计算进项税额，并编制会计分录。

凭证 3-1-4

新疆增值税专用发票

全国统一发票监制章 国家税务总局 新疆维吾尔自治区税务局

发票联

3204875601　　NO.20374503

开票日期：2019年07月08日

购买方	名　　称：南通振兴有限公司 纳税人识别号：3206007××××3144 地 址、电 话：河滨路76号85×××632 开户行及账号：中行昌吉支行097××××6511			密码区			
货物或应税劳务、服务名称	规格型号	单位	数量	单价	金额	税率	税额
加工费 合　计					16000.00 ¥16000.00	13%	2080.00 ¥2080.00
价税合计（大写）	⊗壹万捌仟零捌拾圆整（小写）¥18080.00						
销售方	名　　称：徐州凯达有限公司 纳税人识别号：916521301××××××1118 地址、电 话：解放路76号82×××338 开户行及账号：中行昌吉解放支行097××××3444			备注	徐州凯达有限公司 91652301××××××1118 发票专用章		

第三联 发票联 购货方记账凭

收款人：　　复核：　　开票人：李×红　　销售方（章）

凭证 3-1-5

中国银行转账支票存根	中国银行转账支票（新）
01457361	01457361
附加信息：	出票日期(大写) 贰零壹玖年零柒月零捌日　付款行名称：昌吉支行
	收款人：徐州凯达有限公司　出票人账号：097××××6511
出票日期2019年7月8日	人民币(大写) 壹万捌仟零捌拾圆整　亿 千 百 十 万 千 百 十 元 角 分：¥ 1 8 0 8 0 0 0
收款人：凯达公司	用途支付货款　科目（借）
金额：2080	上列款项请从我账户内支付　对方科目（贷）
用途：支付货款	付讫日期　年　月　日
单位主管　会计	出票人签章　南通振兴有限公司 财务专用章　陈冰印　复核　记账

付款期限自出票之日起十天

【工作程序与方法要求】

步骤 1　计算购买加工劳务的进项税额

师傅指导：根据取得的发票，识别是增值税专用发票还是增值税普通发票。如取得增值税专用发票，从中读取税额即为增值税进项税额，可以从销项税额中抵扣；如取得增值税普通发票，进项税额不得抵扣。

进项税额＝购买价款×税率＝16 000×13％＝2 080 元

步骤 2　录入支付加工费的会计分录

师傅指导：委托凯达公司加工，记入“委托加工物资”，同时徐州凯达接受委托提供加工劳务属于增值税征收范围，支付的加工费要计算进项税额，因此，本笔业务的会计分录如下：

借：委托加工物资　16 000

　　应交税费——应交增值税（进项税额）　2 080

　　贷：银行存款　18 080

子任务 4　增值税进项税额抵扣

7 月 18 日，南通振兴有限责任公司为了生产啤酒，从利明农贸公司收购小麦，销售发票上注明收购价款为 30 万元，（凭证 3-1-6、3-1-7、3-1-8）计算可以抵扣的进项税额。

【任务目标与质量要求】

熟知计算抵扣增值税进项税额的计算方法，正确计算增值税进项税额。

【学习产出目标】

能根据原始凭证熟练计算进项税额，并编制会计分录。

凭证 3-1-6

新疆增值税专用发票

全国统一发票监制章 国家税务总局 新疆维吾尔自治区税务局

3200031013　　　　开票日期：2019年07月18日

购买方	名　　称：南通振兴有限公司 纳税人识别号：91652301××××××3144 地址、电 话：河浜路76号85××6632 开户行及账号：中行昌吉支行097××××6511				密码区		
货物或应税劳务、服务名称	规格型号	单位	数量	单价	金额	税率	税额
小麦		千克	10000	3.6	36000.00	9%	3240.00
合　计					¥36000.00		¥3240.00
价税合计（大写）	⊗叁万玖仟贰佰肆拾圆整（小写）¥39240.00						
销售方	名　　称：利明农贸公司 纳税人识别号：91652301××××××7783 地址、电 话：昌吉市南梁路12号85200666 开户行及账号：建行南梁区分行2386106645				备注	利明农贸公司 发票专用章	

第二联 抵扣联 购货方抵扣凭证

收款人：　　复核：　　开票人：万×　　销售方（章）

凭证 3-1-7

中国银行转账支票存根	中国银行 转账支票（新） 01457366
01457366 附加信息： 出票日期2019年7月18日 收款人：利明农贸公司 金额：39240.00 用途：支付小麦款 单位主管　　会计	付款期限自出票之日起十天 出票日期(大写) 贰零壹玖年零柒月壹拾捌日 付款行名称：昌吉支行 收款人：利明农贸公司　出票人账号：097××××6511 人民币(大写) 叁万玖仟贰佰肆拾元整 用途 支付小麦款　　科目（借） 上列款项请从我账户内支付　　对方科目（贷） 付讫日期　年　月　日 出票人签章　南通振兴有限公司 财务专用章　陈冰印　复核　记账

亿	千	百	十	万	千	百	十	元	角	分
			¥	3	9	2	4	0	0	0

【工作程序与方法要求】

步骤1　计算采购小麦的进项税额

师傅指导：根据取得的农产品销售发票注明的农产品买价和9%的扣除率计算进项税额。进项税额＝买价×9%

进项税额＝36 000×9%＝3 240（元）

步骤 2　根据入库单录入会计分录

凭证 3-1-8　入库单

日期	产品名称	规格	单位	数量	单价	金额
7.18	小麦		千克	10 000	3.6	36 000

主管：　　　　会计：　　　　保管人：李×　　　　经手人：

师傅指导：根据农产品销售发票、转账支票存根及入库单编制分录。材料款已经支付，贷记“银行存款”，材料已经验收入库，借记“原材料”，同时确认可以抵扣的进项税额。

借：原材料——小麦　36 000
　　应交税费——应交增值税（进项税额）　3 240
　　贷：银行存款——中国银行　39 240

师傅要求：进项税额需要正确识别增值税专用发票和普通发票，正确计算增值税进项税额。录入会计分录，有问题主动发问。

注意事项：

① 购买货物或接受应税行为，销售方收取的销项税额即为购买方应支付的进项税额。

② 购进农产品，除取得增值税专用发票或海关进口增值税专用缴款书外，按照农产品收购发票或销售发票上注明的农产品买价和扣除率计算进项税额。

子任务 5　增值税进项税额转出

凭证 3-1-6，购买的 10 000 千克小麦，因管理不善，导致部分腐烂发霉，无法使用，腐烂部分成本为 3 600 元（凭证 3-1-9），计算不得抵扣的进项税额并进行进项税额转出的分录编制。

【任务目标与质量要求】

熟知不得抵扣进项税额的相关规定，正确计算不得抵扣的进项税额并编制进项税额转出会计分录。

【学习产出目标】

能根据原始凭证计算不得抵扣的进项税额，编制进项税额转出的会计分录。

凭证 3-1-9

新疆增值税专用发票

3200031013　　　　　　　　　　开票日期：2019年07月18日

购买方	名　称：南通振兴有限公司 纳税人识别号：91652301××××××3144 地址、电话：河浜路76号85×××632 开户行及账号：中行昌吉支行097××××6511			密码区			
货物或应税劳务服务名称	规格型号	单位	数量	单价	金额	税率	税额
啤酒		千克	−1000	3.6	−3600.00	9%	−324.00
合　计					¥−3600.00		¥−324.00
价税合计（大写）	⊗（负数）叁仟玖佰贰拾肆圆整（小写）¥−3924.00						
销售方	名　称：利明农贸公司 纳税人识别号：91652301××××××7783 地址、电话：昌吉市南梁路12号85200666 开户行及账号：建行南梁区分行2386106645			备注	利明农贸公司 发票专用章		

第二联 抵扣联　购货方抵扣凭证

收款人：　　　复核：　　　开票人：万×　　　销售方（章）

【工作程序与方法要求】

步骤 1　计算发霉的小麦不得抵扣的进项税额

师傅指导：根据增值税红字发票，计算不得抵扣的进项税额。

不得抵扣的进项税额＝3 600×9%＝324（元）

步骤 2　编制进项税额转出的会计分录

师傅指导：因管理不善导致小麦受损，在查明原因前，记入“待处理财产损溢”科目，同时，要将增值税进项税额转出，不得从销项税额中抵扣。因此，分录应如下：

借：待处理财产损溢　　3 924

　　贷：原材料——小麦　　3 600

　　　　应交税费——应交增值税（进项税额转出）　324

师傅要求：熟知进项税额不得抵扣的情况，正确进行不得抵扣进项税额的计算，分录录入正确。

【工作任务实施记录与评价】

表 1　学徒轮岗期间实习考核表

学校：＿＿＿＿＿班级：＿＿＿＿＿学徒姓名：＿＿＿＿＿日期：＿＿＿＿＿

实习任务		
自我鉴定（10 分）	职业素养（2.5）	□优　□良　□一般　□较差

续表 1

自我鉴定（10 分）	工作态度（2.5）	□优 □良 □一般 □较差
	出勤率（2.5）	□优 □良 □一般 □较差
	专业技能（2.5）	□优 □良 □一般 □较差
	得分	
实习表现（50 分）	得分 企业带教师傅签名： 日期：	
专业技能（40 分）	报税程序掌握（10）	□优 □良 □一般 □较差
	申报表填报（10）	□优 □良 □一般 □较差
	操作熟练程度（10）	□优 □良 □一般 □较差
	业务处理（10）	□优 □良 □一般 □较差
	得分 企业带教师傅签名： 日期：	
综合得分	（1）得分	
	（2）实习等级	□优 □良 □中等 □及格 □不及格

表 2 销项税的计算

师傅指导记录	销项税的计算评价
评价成绩：	年 月 日

表 3 进项税的计算

师傅指导记录	进项税的计算评价
评价成绩：	年 月 日

表 4　不得抵扣进项税的计算

师傅指导记录	不得抵扣进项税的计算评价
评价成绩：	年　　月　　日

表 5　增值税会计分录的编制

师傅指导记录	增值税会计分录的编制评价
评价成绩：	年　　月　　日

表 6　学徒关键职业能力及职业品质、工匠精神评价表

项目	A	B	C	D
工作态度				
吃苦耐劳				
团队协作				
沟通交流				
学习钻研				
认真负责				
诚实守信				
企业带教师傅签名：			日期：	

任务二　填写增值税纳税申报表

依据任务一计算出的增值税，完成本月增值税的纳税申报。已知 6 月份应缴增值税为 6 280 元，已在 7 月 10 日完成缴税，无减税免税项。在师傅指导带领下学习填写增值税纳税申报表附列资料（一）（二）（三）（四）及增值税纳税申报表主表。

【任务目标与质量要求】

能根据已有的业务资料正确填写增值税纳税申报表附列资料（一）（二）（三）（四）及增值税纳税申报表主表。

【学习产出目标】

正确选取数据，规范填写，能解释申报表的数据来源。

子任务 1　增值税纳税申报表附列资料（一）

【任务目标与质量要求】

能根据已有的业务资料正确填写增值税纳税申报表附列资料（一）。

【学习产出目标】

能在师傅指导下完成附列资料（一）的填写。

【工作程序与方法要求】

步骤 1　认识增值税纳税申报表附列资料（一）的结构

师傅指导：结合增值税纳税申报表附列资料（一），完成业务知识的学习，如果对业务知识中的内容有不理解的地方可以直接找自己的师傅询问。

师傅要求：能够完全掌握业务知识中对申报表各项数据关系的解释。

增值税纳税申报表附列资料(一)
(本期销售情况明细)

税款所属时间：　　年　月　日至　　年　月　日

纳税人名称:(公章)　　　　　　金额单位:元至角分

项目及栏次				开具增值税专用发票		开具其他发票		未开具发票		纳税检查调整		合计			服务、不动产和无形资产扣除项目本期实际扣除金额	扣除后	
				销售额	销项（应纳）税额	销售额	销项（应纳）税额	销售额	销项（应纳）税额	销售额	销项（应纳）税额	销售额	销项（应纳）税额	价税合计		含税（免税）销售额	销项（应纳）税额
				1	2	3	4	5	6	7	8	9＝1＋3＋5＋7	10＝2＋4＋6＋8	11＝9＋10	12	13＝11－12	14＝13÷（100%＋税率或征收率）×税率或征收率
一、一般计税方法计税	全部征税项目	13%税率的货物及加工修理修配劳务	1											—	—	—	—
		13%税率的服务、不动产和无形资产	2														
		9%税率的货物及加工修理修配劳务	3											—	—	—	—
		9%税率的服务、不动产和无形资产	4														
		6%税率	5														

续表

一、一般计税方法计税	其中：即征即退项目	即征即退货物及加工修理修配劳务	6	—	—	—	—	—	—	—	—			—	—	—	—
		即征即退服务、不动产和无形资产	7	—	—	—	—	—	—	—	—						
二、简易计税方法计税	全部征税项目	6%征收率	8							—	—			—	—	—	—
		5%征收率的货物及加工修理修配劳务	9a							—	—			—	—	—	—
		5%征收率的服务、不动产和无形资产	9b							—	—						
		4%征收率	10							—	—			—	—	—	—
		3%征收率的货物及加工修理修配劳务	11							—	—			—	—	—	—
		3%征收率的服务、不动产和无形资产	12							—	—						
		预征率%	13a							—	—						
		预征率%	13b							—	—						
		预征率%	13c							—	—						
	其中：即征即退项目	即征即退货物及加工修理修配劳务	14	—	—	—	—	—	—	—	—			—	—	—	—
		即征即退服务、不动产和无形资产	15	—	—	—	—	—	—	—	—						
三、免抵退税	货物及加工修理修配劳务		16	—	—		—		—	—	—		—	—	—	—	—
	服务、不动产和无形资产		17	—	—		—		—	—	—		—				—
四、免税	货物及加工修理修配劳务		18				—		—	—	—		—	—	—	—	—
	服务、不动产和无形资产		19	—	—		—		—	—	—		—				—

【业务知识】

（一）“税款所属时间”“纳税人名称”的填写同“增值税纳税申报表（一般纳税人适用）”（以下简称主表，见本书39页）。

（二）“一般计税方法计税”“全部征税项目”各行：按不同税率和项目分别填写按一般计税方法计算增值税的全部征税项目。有即征即退征税项目的纳税人，本部分数据中既包括即征即退征税项目，又包括不享受即征即退政策的一般征税项目。

（三）“一般计税方法计税”“其中：即征即退项目”各行：只反映按一般计税方法计算增值税的即征即退项目。按照税法规定不享受即征即退政策的纳税人，不填写本行。即征即退项目是全部征税项目的其中数。

（四）“简易计税方法计税”“全部征税项目”各行：按不同征收率和项目分别填写按简易计税方法计算增值税的全部征税项目。有即征即退征税项目的纳税人，本部分数据中既包括即征即退项目，也包括不享受即征即退政策的一般征税项目。

（五）“简易计税方法计税”“预征率 %”：反映营业税改征增值税的纳税人，服务、不动产和无形资产按规定汇总计算缴纳增值税的分支机构，预征增值税销售额、预征增值税应纳税额。其中，第13a行“预征率 %”适用于所有实行汇总计算缴纳增值税的分支机构纳税人；第13b、13c行“预征率 %”适用于部分实行汇总计算缴纳增值税的铁路运输纳税人。

（六）“简易计税方法计税”“其中：即征即退项目”各行：只反映按简易计税方法计算增值税的即征即退项目。按照税法规定不享受即征即退政策的纳税人，不填写本行。即征即退项目是全部征税项目的其中数。

（七）“免抵退税”“货物及加工修理修配劳务”：反映适用免、抵、退税政策的出口货物、加工修理修配劳务。

（八）“免抵退税”“服务、不动产和无形资产”：反映适用免、抵、退税政策的服务、不动产和无形资产。

（九）“免税”“货物及加工修理修配劳务”：反映按照税法规定免征增值税的货物及劳务和适用零税率的出口货物及劳务，但零税率的销售额中不包括适用免、抵、退税办法的出口货物及劳务。

（十）“免税”“服务、不动产和无形资产”：反映按照税法规定免征增值税的服务、不动产、无形资产和适用零税率的服务、不动产、无形资产，但零税率的销售额中不包括适用免、抵、退税办法的服务、不动产和无形资产。

步骤2　填写增值税纳税申报表附列资料（一）

师傅指导：

第一步，根据企业基本信息填写申报表中的税款所属期、纳税人名称。

增值税纳税申报表附列资料（一）

（本期销售情况明细）

税款所属时间：2019 年 7 月 1 日至 2019 年 7 月 31 日

纳税人名称：（公章）南通振兴有限公司　　　　金额单位：元至角分

第二步，根据凭证 3-1-1、3-1-3 计算结果，汇总得出表中第 1 行销售货物的销售额以及销项税额。

销售额＝28 000＋4 400＝32 400（元）

销项税额＝32 400×13％＝4 212（元）

以上数据来源于任务一子任务 1。

增值税纳税申报表附列资料（一）

（本期销售情况明细）

税款所属时间：　　年　月　日至　　年　月　日

纳税人名称：（公章）　　　　金额单位：元至角分

项目及栏次				开具增值税专用发票		开具其他发票		未开具发票		纳税检查调整		合计			应税服务扣除项目本期实际扣除金额	扣除后	
				销售额	销项（应纳）税额	销售额	销项（应纳）税额	销售额	销项（应纳）税额	销售额	销项（应纳）税额	销售额	销项（应纳）税额	价税合计		含税（免税）销售额	销项（应纳）税额
				1	2	3	4	5	6	7	8	9＝1＋3＋5＋7	10＝2＋4＋6＋8	11＝9＋10	12	13＝11－12	14＝13÷（100％＋税率或征收率）×税率或征收率
一、一般计税方法计税	全部征税项目	13％税率的货物及加工修理修配劳务	1	28 000	3 640			4 400	572			32 400	4 212	—	—	—	—
		13％税率的服务、不动产和无形资产	2														
		9％税率	3											—	—	—	—

第三步，检查本月所有销售业务，是否存在其他征税项目，本月公司不存在其他征税项目，故其他项目均不填。

子任务2　增值税纳税申报表附列资料（二）

【任务目标与质量要求】

能根据已有的业务资料正确填写增值税纳税申报表附列资料（二）。

【学习产出目标】

能在师傅指导下完成附列资料（二）的填写。

【工作程序与方法要求】

步骤1　认识增值税纳税申报表附列资料（二）的结构

师傅指导：结合增值税纳税申报表附列资料（二），完成业务知识的学习，如果对业务知识中的内容有不理解的地方可以直接找自己的师傅询问。

增值税纳税申报表附列资料（二）

（本期进项税额明细）

税款所属时间：年　　月　　日至　　年　　月　　日

纳税人名称：（公章）　　　　金额单位：元至角分

一、申报抵扣的进项税额				
项目	栏次	份数	金额	税额
（一）认证相符的增值税专用发票	1=2+3			
其中：本期认证相符且本期申报抵扣	2			
前期认证相符且本期申报抵扣	3			
（二）其他扣税凭证	4=5+6+7+8a+8b			
其中：海关进口增值税专用缴款书	5			
农产品收购发票或者销售发票	6			
代扣代缴税收缴款凭证	7		—	
加计扣除农产品进项税额	8a	—	—	
其他	8b			

续表

一、申报抵扣的进项税额

项目	栏次	份数	金额	税额
（三）本期用于购建不动产的扣税凭证	9			
（四）本期用于抵扣的旅客运输服务扣税凭证	10			
（五）外贸企业进项税额抵扣证明	11	—	—	
当期申报抵扣进项税额合计	12＝1＋4＋11			

二、进项税额转出额

项目	栏次	税额
本期进项税额转出额	13＝14至23之和	
其中：免税项目用	14	
集体福利、个人消费	15	
非正常损失	16	
简易计税方法征税项目用	17	
免抵退税办法不得抵扣的进项税额	18	
纳税检查调减进项税额	19	
红字专用发票信息表注明的进项税额	20	
上期留抵税额抵减欠税	21	
上期留抵税额退税	22	
其他应作进项税额转出的情形	23	

三、待抵扣进项税额

项目	栏次	份数	金额	税额
（一）认证相符的增值税专用发票	24	—	—	—
期初已认证相符但未申报抵扣	25			
本期认证相符且本期未申报抵扣	26			
期末已认证相符但未申报抵扣	27			
其中：按照税法规定不允许抵扣	28			
（二）其他扣税凭证	29＝30至33之和			
其中：海关进口增值税专用缴款书	30			
农产品收购发票或者销售发票	31			
代扣代缴税收缴款凭证	32		—	
其他	33			
	34			

四、其他

项目	栏次	份数	金额	税额
本期认证相符的增值税专用发票	35			
代扣代缴税额	36	—	—	

【业务知识】

（一）“税款所属时间”“纳税人名称”的填写同主表。

（二）第1至12栏“一、申报抵扣的进项税额”：分别反映纳税人按税法规定符合抵扣条件，在本期申报抵扣的进项税额。

（三）第13至23栏“二、进项税额转出额”各栏：分别反映纳税人已经抵扣但按规定应在本期转出的进项税额明细情况。

（四）第24至34栏“三、待抵扣进项税额”各栏：分别反映纳税人已经取得，但按税法规定不符合抵扣条件，暂不予在本期申报抵扣的进项税额情况及按税法规定不允许抵扣的进项税额情况。

（五）第35至36栏“四、其他”各栏。

1. 第35栏“本期认证相符的增值税专用发票”：反映本期认证相符的增值税专用发票的情况。纳税人本期认证相符的通行费电子发票应当填写在本栏次中。

2. 第36栏“代扣代缴税额”：填写纳税人根据《中华人民共和国增值税暂行条例》第十八条扣缴的应税劳务增值税额与根据营业税改征增值税有关政策规定扣缴的服务、不动产和无形资产增值税额之和。

步骤2　填写增值税纳税申报表附列资料（二）

师傅指导：

第一步，根据企业基本信息填写申报表中的税款所属期、纳税人名称。如增值税纳税申报表附列资料一第一步。

第二步，梳理本月符合认证要求的增值税专用发票，同时查看是否存在前期认证相符但在本月申报抵扣的增值税专用发票。根据凭证3-1-4，本月符合认证要求的增值税专用发票，计算如下：

本期认证相符且本期申报抵扣金额＝16 000元

本期认证相符且本期申报抵扣税额＝16 000×13％＝2 080（元）

第三步，根据凭证3-1-6，取得农产品收购发票或销售发票，计算如下：

农产品收购发票或者销售发票金额＝36 000元

农产品收购发票或者销售发票税额＝36 000×9％＝3 240（元）

第四步，根据以上两步，填写第一部分申报抵扣的进项税额，见下表。

一、申报抵扣的进项税额

项目	栏次	份数	金额	税额
（一）认证相符的增值税专用发票	1＝2＋3	1	16 000	2 080
其中：本期认证相符且本期申报抵扣	2	1	16 000	2 080

续表

一、申报抵扣的进项税额				
项目	栏次	份数	金额	税额
前期认证相符且本期申报抵扣	3			
（二）其他扣税凭证	4=5+6+7+8a+8b			
其中：海关进口增值税专用缴款书	5			
农业品收购发票或者销售发票	6	1	36 000	3 240
代扣代缴税收缴款凭证	7		—	
加计扣除农产品进项税额	8a	—	—	
其他	8b			
（三）本期用于购建不动产的扣税凭证	9			
（四）本期用于抵扣的旅客运输服务扣税凭证	10			
（五）外贸企业进项税额抵扣证明	11	—	—	
当期申报抵扣进项税额合计	12=1+4+11	2	52 000	5 320

当期申报抵扣进项税额合计=认证相符的增值税专用发票税额+其他扣税凭证税额+外贸企业进项税额抵扣证明税额。

第五步，根据凭证 3-1-9，填列进项税额转出的税额：

红字专用发票信息表注明的进项税额=324 元

第六步，检查增值税专用发票，是否存在本期已经认证通过但是未申报抵扣的项目，是否存在其他本期已经认证通过的增值税专用发票。根据查找，本企业本月未发生以上情况，故不须填列。

师傅要求：能够完全掌握业务知识中对申报表各项数据关系的解释。

子任务 3　增值税纳税申报表附列资料（三）

【任务目标与质量要求】

能正确解释增值税纳税申报表附列资料（三）各项目含义。

【学习产出目标】

能够根据业务正确判断属于哪一项目。

【工作程序与方法要求】

步骤 1　认识增值税纳税申报表附列资料（三）的结构

师傅指导：结合增值税纳税申报表附列资料（三），完成业务知识的学习，如果对业务知识中的内容有不理解的地方可以直接找自己的师傅询问。

增值税纳税申报表附列资料（三）

（服务、不动产和无形资产扣除项目明细）

税款所属时间：　　年　月　日至　年　月　日

纳税人名称：（公章）　　　　　　　　　　　　金额单位：元至角分

项目及栏次		本期服务、不动产和无形资产价税合计额（免税销售额）	服务、不动产和无形资产扣除项目				
			期初余额	本期发生额	本期应扣除金额	本期实际扣除金额	期末余额
		1	2	3	4＝2＋3	5（5≤1且5≤4）	6＝4-5
13％税率的项目	1						
9％税率的项目	2						
6％税率的项目（不含金融商品转让）	3						
6％税率的金融商品转让项目	4						
5％征收率的项目	5						
3％征收率的项目	6						
免抵退税的项目	7						
免税的项目	8						

【业务知识】

（一）本表由服务、不动产和无形资产有扣除项目的营业税改征增值税纳税人填写。其他纳税人不填写。

（二）“税款所属时间”“纳税人名称”的填写同主表。

（三）第 1 列“本期服务、不动产和无形资产价税合计额（免税销售额）”：营业税改征增值税的服务、不动产和无形资产属于征税项目的，填写扣除之前的本期服务、不动产和无形资产价税合计额；营业税改征增值税的服务、不动产和无形资产属于免抵退税或免税项目的，填写扣除之前的本期服务、不动产和无形资产免税销售额。本列各行次等于“附列资料（一）”第 11 列对应行次，其中本列第 3 行和第 4 行之和等于“附列资料（一）”第 11 列第 5 栏。

营业税改征增值税的纳税人，服务、不动产和无形资产按规定汇总计算缴纳增值税的分支机构，本列各行次之和等于“附列资料（一）”第11列第13a、13b行之和。

（四）第2列“服务、不动产和无形资产扣除项目”“期初余额”：填写服务、不动产和无形资产扣除项目上期期末结存的金额，试点实施之日的税款所属期填写“0”。本列各行次等于上期“附列资料（三）”第6列对应行次。

本列第4行“6%税率的金融商品转让项目”“期初余额”年初首期填报时应填“0”。

（五）第3列“服务、不动产和无形资产扣除项目”“本期发生额”：填写本期取得的按税法规定准予扣除的服务、不动产和无形资产扣除项目金额。

（六）第4列“服务、不动产和无形资产扣除项目”“本期应扣除金额”：填写服务、不动产和无形资产扣除项目本期应扣除的金额。

本列各行次＝第2列对应各行次＋第3列对应各行次。

（七）第5列“服务、不动产和无形资产扣除项目”“本期实际扣除金额”：填写服务、不动产和无形资产扣除项目本期实际扣除的金额。

本列各行次≤第4列对应各行次，且本列各行次≤第1列对应各行次。

（八）第6列“服务、不动产和无形资产扣除项目”“期末余额”：填写服务、不动产和无形资产扣除项目本期期末结存的金额。

本列各行次＝第4列对应各行次-第5列对应各行次。

步骤2　填写增值税纳税申报表附列资料（三）

本月未发生相关业务，零申报。

子任务4　增值税纳税申报表附列资料（四）

【任务目标与质量要求】

能正确解释增值税纳税申报表附列资料（四）各项目含义。

【学习产出目标】

能够根据业务正确判断属于哪一项目。

【工作程序与方法要求】

步骤1　认识增值税纳税申报表附列资料（四）的结构

师傅指导：结合增值税纳税申报表附列资料（四），完成业务知识的学习，如果对业务知识中的内容有不理解的地方可以直接找自己的师傅询问。

增值税纳税申报表附列资料（四）

（税额抵减情况表）

税款所属时间：　　年　月　日至　　年　月　日

纳税人名称：（公章）　　　　　　　　　　　　　　金额单位：元至角分

一、税额抵减情况

序号	抵减项目	期初余额	本期发生额	本期应抵减税额	本期实际抵减税额	期末余额
		1	2	3＝1＋2	4≤3	5＝3－4
1	增值税税控系统专用设备费及技术维护费					
2	分支机构预征缴纳税款					
3	建筑服务预征缴纳税款					
4	销售不动产预征缴纳税款					
5	出租不动产预征缴纳税款					

二、加计抵减情况

序号	加计抵减项目	期初余额	本期发生额	本期调减额	本期可抵减额	本期实际抵减额	期末余额
		1	2	3	4＝1＋2－3	5	6＝4－5
6	一般项目加计抵减额计算						
7	即征即退项目加计抵减额计算						
8	合计						

【业务知识】

（一）税额抵减情况

1. 本表第1行由发生增值税税控系统专用设备费用和技术维护费的纳税人填写，反映纳税人增值税税控系统专用设备费用和技术维护费按规定抵减增值税应纳税额的情况。

2. 本表第2行由营业税改征增值税纳税人，服务、不动产和无形资产按规定汇总计算缴纳增值税的总机构填写，反映其分支机构预征缴纳税款抵减总机构应纳增值税税额的情况。

3. 本表第3行由销售建筑服务并按规定预缴增值税的纳税人填写，反映其销售建筑服务预征缴纳税款抵减应纳增值税税额的情况。

4. 本表第4行由销售不动产并按规定预缴增值税的纳税人填写，反映其销售不动产预征缴纳税款抵减应纳增值税税额的情况。

5. 本表第5行由出租不动产并按规定预缴增值税的纳税人填写，反映其出租不动产预征缴纳税款抵减应纳增值税税额的情况。

（二） 加计抵减情况

本表第 6 至 8 行仅限适用加计抵减政策的纳税人填写，反映其加计抵减情况。其他纳税人不须填写。第 8 行“合计”等于第 6 行、第 7 行之和。各列说明如下：

1. 第 1 列“期初余额”：填写上期期末结余的加计抵减额。

2. 第 2 列“本期发生额”：填写按照规定本期计提的加计抵减额。

3. 第 3 列“本期调减额”：填写按照规定本期应调减的加计抵减额。

4. 第 4 列“本期可抵减额”：按表中所列公式填写。

5. 第 5 列“本期实际抵减额”：反映按照规定本期实际加计抵减额，按以下要求填写。

若第 4 列≥0，且第 4 列＜主表第 11 栏-主表第 18 栏，则第 5 列＝第 4 列；

若第 4 列≥主表第 11 栏－主表第 18 栏，则第 5 列＝主表第 11 栏－主表第 18 栏；

若第 4 列＜0，则第 5 列等于 0。

计算本列“一般项目加计抵减额计算”行和“即征即退项目加计抵减额计算”行时，公式中主表各栏次数据分别取主表“一般项目”“本月数”列、“即征即退项目”“本月数”列对应数据。

6. 第 6 列“期末余额”：填写本期结余的加计抵减额，按表中所列公式填写。

步骤 2　填写增值税纳税申报表附列资料（四）

本月未发生相关业务，零申报。

子任务 5　增值税纳税申报表主表

【任务目标与质量要求】

能根据已有的业务资料正确填写增值税纳税申报表主表。

【学习产出目标】

正确选取数据，规范填写，能解释申报表的数据来源。

【工作程序与方法要求】

步骤 1　认识增值税纳税申报表主表的结构

师傅指导：结合增值税纳税申报表主表，完成业务知识的学习，如果对业务知识中的内容有不理解的地方可以直接找自己的师傅询问。

电子税务局受理

增值税纳税申报表（一般纳税人适用）

根据国家税收法律法规及增值税相关规定制定本表。纳税人不论有无销售额，均应按税务机关核定的纳税期限填写本表，并向当地税务机关申报。

税款所属时间： 填表日期： 金额单位：元至角分

纳税人识别号：			所属行业：	其他机械设备及电子产品批发	
纳税人名称（公章）：	法定代表人姓名：		注册地址：		生产经营地址：
开户银行及账号：			登记注册类型：	其他有限责任公司	电话号码：

	项目	栏次	一般项目		即征即退项目	
			本月数	本年累计	本月数	本年累计
销售额	（一）按适用税率计税销售额	1				
	其中：应税货物销售额	2				
	应税劳务销售额	3				
	纳税检查调整的销售额	4				
	（二）按简易办法计税销售额	5				
	其中：纳税检查调整的销售额	6				
	（三）免、抵、退办法出口销售额	7			—	—
	（四）免税销售额	8			—	—
	其中：免税货物销售额	9			—	—
	免税劳务销售额	10			—	—
税款计算	销项税额	11				
	进项税额	12				
	上期留抵税额	13				—
	进项税额转出	14				
	免、抵、退应退税额	15			—	—
	按适用税率计算的纳税检查应补缴税额	16			—	—
	应抵扣税额合计	17＝12＋13－14－15＋16		—		—
	实际抵扣税额	18（如 17＜11，则为 17，否则为 11）				

续表

项目		栏次	一般项目		即征即退项目	
			本月数	本年累计	本月数	本年累计
税款缴纳	应纳税额	19＝11－18				
	期末留抵税额	20＝17－18				—
	简易计税办法计算的应纳税额	21				
	按简易计税办法计算的纳税检查应补缴税额	22			—	—
	应纳税额减征额	23				
	应纳税额合计	24＝19＋21－23				
	期初未缴税额（多缴为负数）	25				
	实收出口开具专用缴款书退税额	26			—	—
	本期已缴税额	27＝28＋29＋30＋31				
	①分次预缴税额	28		—		—
	②出口开具专用缴款书预缴税额	29		—	—	—
	③本期缴纳上期应纳税额	30				
	④本期缴纳欠缴税额	31				
	期末未缴税额（多缴为负数）	32＝24＋25＋26－27				
	其中：欠缴税额（≥0）	33＝25＋26－27		—		—
	本期应补（退）税额	34＝24－28－29		—		—
	即征即退实际退税额	35	—	—		
	期初未缴查补税额	36			—	—
	本期入库查补税额	37			—	—
	期末未缴查补税额	38＝16＋22＋36－37			—	—

是否代理申报：○是 ◉否	代理人名称：	代理人地址：	
代理人员身份证件类型：		代理人员身份证件号码：	
授权声明	如果你已委托代理人申报，请填写下列资料： 为代理一切税务事宜，现授权（地址） 为本纳税人的代理申报人，任何与本申报表有关的往来文件，都可寄予此人。 授权人签字：	申报人声明	本纳税申报表是根据国家税收法律法规及相关规定填报的，我确定它是真实的、可靠的、完整的。 声明人签字：

主管税务机关：　　　　接收人：　　　　接收日期：

【业务知识】

（一）“税款所属时间”：指纳税人申报的增值税应纳税额的所属时间，应填写具体的起止年、月、日。

（二）“填表日期”：指纳税人填写本表的具体日期。

（三）“纳税人识别号”：填写纳税人的税务登记证号码（统一社会信用代码）。

（四）“所属行业”：按照国民经济行业分类与代码中的小类行业填写。

（五）“纳税人名称”：填写纳税人单位名称全称。

（六）“法定代表人姓名”：填写纳税人法定代表人的姓名。

（七）“注册地址”：填写纳税人税务登记证件所注明的详细地址。

（八）“生产经营地址”：填写纳税人实际生产经营地的详细地址。

（九）“开户银行及账号”：填写纳税人开户银行的名称和纳税人在该银行的结算账户号码。

（十）“登记注册类型”：按纳税人税务登记证件的栏目内容填写。

（十一）“电话号码”：填写可联系到纳税人的常用电话号码。

（十二）“即征即退项目”列：填写纳税人按规定享受增值税即征即退政策的货物、劳务和服务、不动产、无形资产的征（退）税数据。

（十三）“一般项目”列：填写除享受增值税即征即退政策以外的货物、劳务和服务、不动产、无形资产的征（免）税数据。

（十四）“本年累计”列：一般填写本年度内各月“本月数”之和。

（十五）按适用税率计税销售额：填写纳税人本期按一般计税方法计算缴纳增值税的销售额，包含：在财务上不作销售但按税法规定应缴纳增值税的视同销售和价外费用的销售额；外贸企业作价销售进料加工复出口货物的销售额；税务、财政、审计部门检查后按一般计税方法计算调整的销售额。

（十六）按简易办法计税销售额：填写纳税人本期按简易计税方法计算增值税的销售额。包含纳税检查调整按简易计税方法计算增值税的销售额。

（十七）免税销售额：填写纳税人本期按照税法规定免征增值税的销售额和适用零税率的销售额，但零税率的销售额中不包括适用免、抵、退税办法的销售额。

（十八）销项税额：填写纳税人本期按一般计税方法计税的货物、劳务和服务、不动产、无形资产的销项税额。

本栏“一般项目”列“本月数”=“附列资料（一）”（第10列第1、3行之和－第10列第6行）+（第14列第2、4、5行之和－第14列第7行）；

本栏“即征即退项目”列“本月数”=“附列资料（一）”第10列第6行+第14列第7行。

（十九）进项税额：填写纳税人本期申报抵扣的进项税额。

本栏“一般项目”列“本月数”＋“即征即退项目”列“本月数”=“附列资料

(二)”第 12 栏“税额”。

(二十)上期留抵税额:“本月数”按上一税款所属期申报表第 20 栏“期末留抵税额”“本月数”填写。本栏“一般项目”列“本年累计”不填写。

(二十一)进项税额转出:填写纳税人已经抵扣,但按税法规定本期应转出的进项税额。

本栏“一般项目”列“本月数”+“即征即退项目”列“本月数”=“附列资料(二)”第 13 栏“税额”。

(二十二)应抵扣税额合计:填写纳税人本期应抵扣进项税额的合计数。按表中所列公式计算填写。

(二十三)实际抵扣税额:“本月数”按表中所列公式计算填写。本栏“一般项目”列“本年累计”不填写。

(二十四)应纳税额:反映纳税人本期按一般计税方法计算并应缴纳的增值税额。

适用加计抵减政策的纳税人,按以下公式填写。

本栏“一般项目”列“本月数”=第 11 栏“销项税额”“一般项目”列“本月数”一第 18 栏“实际抵扣税额”“一般项目”列“本月数”—“实际抵减额”;

本栏“即征即退项目”列“本月数”=第 11 栏“销项税额”“即征即退项目”列“本月数”一第 18 栏“实际抵扣税额”“即征即退项目”列“本月数”—“实际抵减额”。

(二十五)应纳税额合计:反映纳税人本期应缴增值税的合计数。按表中所列公式计算填写。

步骤 2　填写增值税纳税申报表主表

第一步,根据企业基本信息填写申报表中的税款所属期、纳税人识别号、注册地址、开户银行及账号、生产经营地址及注册类型等基本信息。

税款所属时间:自 2019 年 7 月 1 日至 2019 年 7 月 31 日　填表日期:2019 年 8 月 5 日　金额单位:元至角分

<table>
<tr><td>纳税人识别号</td><td>9</td><td>1</td><td>6</td><td>5</td><td>2</td><td>3</td><td>0</td><td>1</td><td>×</td><td>×</td><td>×</td><td>×</td><td>×</td><td>×</td><td>3</td><td>1</td><td>4</td><td>4</td><td colspan="4">所属行业:酒的制造</td></tr>
<tr><td>纳税人名称</td><td colspan="6">南通振兴有限公司</td><td colspan="5">法定代表人姓名</td><td colspan="3">陈冰</td><td>注册地址</td><td colspan="3">新疆昌吉市河滨路 76 号</td><td>生产经营地址</td><td colspan="3">新疆昌吉市河滨路 76 号</td></tr>
<tr><td>开户银行及账号</td><td colspan="11">中行昌吉支行　账号 09××××6511</td><td colspan="3">登记注册类型</td><td colspan="5">有限公司</td><td>电话号码</td><td colspan="3">85776632</td></tr>
</table>

第二步,根据增值税纳税申报表附列资料(一),第 1 栏销售额合计填列主表第 2 栏一般项目本月数,根据第 2 栏,填写第 1 栏。其中本年累计数根据上期纳税申报表应纳税额加本月数填列。

应税货物销售额本月数=32 400 元

第三步,根据增值税纳税申报表附列资料(一),第 1 栏销项税额合计,填列主表第 11 栏填入一般项目本月数。

销项税额本月数=4 212 元

第四步，根据增值税纳税申报表附列资料（二），第 12 栏进项税额合计，填列主表第 12 栏一般项目本月数。

进项税额本月数＝5 320 元

第五步，根据增值税纳税申报表附列资料（二），第 13 栏进项税额转出合计，填列主表第 14 栏一般项目本月数和本年累计。

进项税额转出本月数＝324 元

第六步，应抵扣税额合计＝进项税额＋上期留抵税额－进项税额转出－免、抵、退应退税额＋按适用税率计算的纳税检查应补缴税额

应抵扣税额合计本月数＝5 320－324＝4 996 元

第七步，应纳税额＝销项税额－实际抵扣税额

应纳税额本月数 4 212－4 212＝0（元），（应抵扣税额合计小于销项税额，则为应抵扣税额合计，否则为销项税额，本月企业销项税额为 4 212 元，应抵扣税额为 4 996 元，故实际抵扣税额为 4 212 元）

第八步，应纳税额合计＝应纳税额＋简易计税办法计算的应纳税额－应纳税额减征额

应纳税额合计＝0 元

第九步，填写纳税申报表声明处声明人（报税会计），授权人（企业法人）

授权声明	如果你已委托代理人申报，请填写下列资料： 为代理一切税务事宜，现授权 （地址）　　　为本纳税人的代理申报人，任何与本申报表有关的往来文件，都可寄予此人。 授权人签字：陈冰	申报人声明	本纳税申报表是根据国家税收法律法规及相关规定填报的，我确定它是真实的、可靠的、完整的。 声明人签字：王慧春

第十步 ，对纳税申报表的信息检查审核无误后，加盖单位公章。

第十一步，完成网上纳税申报表的提交，申报成功。

第十二步，应纳税额为 0，无须缴费。

师傅要求：熟知增值税纳税申报表每张表的填列方法和数据来源，掌握表与表之间的逻辑关系，不懂主动向师傅发问。

【案例分析】

别拿“虚开发票”不当事儿

案情　被告人吴某在无货物购销的情况下，采取按发票面额收取开票费的方法，

用某公司的增值税专用发票为其他公司虚开增值税专用发票48份，为他人虚开销项增值税额共计15万余元。同时，吴某为弥补进项发票的不足，多次从他人处购得假增值税专用发票，采取由其本人填写或指使他人代为填写的方法，虚构多家单位为供货方，为自己虚开增值税专用发票共计170余份，虚开的进项税额合计人民币200余万元。本案中，不应将虚开的进项数额和销项数额合并计算认定为虚开数额，而应以被告人吴某虚开的进项和销项中较大的进项数额来认定其虚开的数额，即吴某的虚开数额为200万余元，虚开的销项税额15万余元不应计入。

解析 骗取国家税款的数额就是其虚开的销项发票被受票单位用于实际抵扣的税款数额，加上行为人用虚开的进项发票抵扣自己实际经营活动的应交税款数额。如果行为人仅利用虚开的进项税额抵扣了自己实际经营活动的应交税款，而把虚开的销项税额采用大头小尾方式或游离于账外及用假发票虚开等形式，偷逃了此部分税款，那么，不论其虚开后进项发票数额和虚开后销项发票数额二者孰大孰小，两者的抵扣均会危及国家税款，其骗取国家税款的数额便是两项实际抵扣之和。

我国刑法条文中对虚开增值税专用发票罪的数额没有明确规定，根据2001年最高人民检察院、公安部《关于经济犯罪案件追诉标准的规定》及最高人民法院《关于适用〈全国人民代表大会常务委员会关于惩治虚开、伪造和非法出售增值税专用发票犯罪的决定〉的若干问题的解释》的有关条款，认定虚开增值税专用发票罪的犯罪数额应包括虚开税款数额、骗取国家税款数额以及给国家利益造成损失数额，且以上三个数额的确定，直接关系到是否构成虚开增值税专用发票罪以及对虚开增值税专用发票罪的量刑等重要问题。

【工作任务实施记录与评价】

表1　学徒轮岗期间实习考核表

学校：__________ 班级：__________学徒姓名：__________日期：__________

实习任务					
自我鉴定（10分）	职业素养（2.5）	□优	□良	□一般	□较差
	工作态度（2.5）	□优	□良	□一般	□较差
	出勤率（2.5）	□优	□良	□一般	□较差
	专业技能（2.5）	□优	□良	□一般	□较差
	得分				
实习表现（50分）	得分　　企业带教师傅签名：　　日期：				

续表 1

专业技能（40 分）	报税程序掌握（10）	□优　□良　□一般　□较差
	申报表填报（10）	□优　□良　□一般　□较差
	操作熟练程度（10）	□优　□良　□一般　□较差
	业务处理（10）	□优　□良　□一般　□较差
	得分　企业带教师傅签名：　日期：	
综合得分	（1）得分	
	（2）实习等级	□优　□良　□中等　□及格　□不及格

表 2　增值税纳税申报表附列资料一的填列

师傅指导记录	附列资料一的填列评价
评价成绩：	年　月　日

表 3　增值税纳税申报表附列资料二的填列

师傅指导记录	附列资料二的填列评价
评价成绩：	年　月　日

表 4　增值税纳税申报表附列资料三的填列

师傅指导记录	附列资料三的填列评价
评价成绩：	年　　月　　日

表 5　增值税纳税申报表附列资料四的填列

师傅指导记录	附列资料四的填列评价
评价成绩：	年　　月　　日

表 6　增值税纳税申报表的填列

师傅指导记录	主表的填列评价
评价成绩：	年　　月　　日

表7　学徒关键职业能力及职业品质、工匠精神评价表

项目	A	B	C	D
工作态度				
吃苦耐劳				
团队协作				
沟通交流				
学习钻研				
认真负责				
诚实守信				
企业带教师傅签名：			日期：	

项目二　消费税核算与纳税申报

任务一　消费税会计核算

在师傅指导带领下，熟知消费税的基本规定和计算方法，计算生产环节、委托加工环节和进口环节的消费税，根据涉税业务原始凭证编制其核算的会计分录。

【任务目标与质量要求】

熟知消费税的基本规定和计算方法，计算生产环节、委托加工环节和进口环节的消费税，根据涉税业务原始凭证编制其核算的会计分录。

【学习产出目标】

1. 能熟练应用消费税的计税方法；
2. 能复述消费税的计算公式；
3. 能正确计算不同纳税环节的消费税；
4. 能根据原始凭证编制会计分录。

以下为南通振兴有限公司 2019 年 7 月发生的税务会计岗位消费税操作的业务：

子任务 1　啤酒消费税核算

7 月 2 日向华鸣百货公司销售啤酒 10 吨，取得增值税专用发票（凭证 3-2-1）。在师傅指导带领下，根据原始凭证正确核算消费税，并对此项业务进行账务处理。

【任务目标与质量要求】

熟知消费税的基本规定和计算方法，正确核算定额征收的消费税。

【学习产出目标】

能根据原始凭证熟练算出消费税，并编制会计分录。

【工作程序与方法要求】

步骤 1　计算销售啤酒的消费税

师傅指导：首先根据发票中啤酒的单价，查税率表找到适用税率 220 元/吨，然后根据税率计算消费税。

应纳消费税＝10×220＝2 200（元）

甲类啤酒，指每吨出厂价（含包装物及包装物押金）≥3 000 元（含 3 000 元，不含增值税）；乙类啤酒是指每吨出厂价（含包装物及包装物押金）＜3 000 元。

步骤 2　录入消费税会计分录

师傅指导：企业在销售时应当按照应缴消费税税额，借记“税金及附加”账户；贷记“应交税费——应交消费税”账户。因此，此项业务的会计分录是：

借：税金及附加　　2 200

　　贷：应交税费—应交消费税　　2 200

凭证 3-2-1

新疆增值税专用发票

全国统一发票监制章
国家税务总局
新疆维吾尔自治区税务局

3200031001　　　　开票日期：2019年07月02日

购买方	名　　称：华鸣百货公司 纳税人识别号：91320400××××××7783 地 址、电 话：淮安市友谊路32号85×××880 开户行及账号：建行淮安区分行 238×××654				密码区		
货物或应税劳务、服务名称	规格型号	单位	数量	单价	金额	税率	税额
啤酒 合　计		吨	10	2800.00	28000.00 ¥28000.00	13%	3640.00 ¥3640.00
价税合计（大写）	⊗叁万壹仟陆佰肆拾圆整（小写） ¥31640.00						
销售方	名　　称：南通振兴有限公司 纳税人识别号：91652301××××××3144 地址、电 话：河浜路76号85×××632 开户行及账号：中行昌吉支行097××××6511				备注	南通振兴有限公司 91652301××××××3144 发票专用章	

第一联　记账联　销货方记账凭证

收款人：　　复核：　　开票人：万×　　销售方（章）

步骤 3　录入销售啤酒的会计分录

师傅指导：原始凭证中没有银行支票回单，所以此项业务的借方记“应收账款”，贷方要分别记入“主营业务收入”和“应交税费—应交增值税（销项税额）”两个科目。会计分录按以下录入：

借：应收账款—华鸣公司　31 640

　　贷：主营业务收入　28 000

贷：应交税费—应交增值税（销项税额）　3 640

步骤 4　根据出库单录入会计分录

产品出货单

日期	编号	用途	产品名称	单位	数量	单位成本	总成本	购货单位
7.2	02001	销售	啤酒	吨	10	1 800.00	18 000.00	华鸣百货公司

师傅指导：首先找出编号 02001 的出库单，借方记“主营业务成本”，贷方记“库存商品”，根据出库单上记载的成本录入会计分录如下：

借：主营业务成本　18 000

　贷：库存商品——啤酒　18 000

师傅要求：根据原始凭证正确计算消费税，并能正确录入会计分录。

注意事项：

① 啤酒的消费税是从量计征；

② 单价不同税率不同，要正确换算单价；

③ 单价为不含增值税的价格；

④ 会计分录要标明二级明细科目。

子任务 2　白酒消费税核算

7 月 5 日向华鸣百货公司销售白云牌粮食白酒 50 吨，以商业汇票结算。在师傅指导带领下，根据凭证 3-2-2 正确核算生产环节的消费税，并对此项业务进行账务处理。

【任务目标与质量要求】

熟知复合计征的基本规定和计算方法，正确核算白酒的消费税。

【学习产出目标】

能根据原始凭证熟练算出消费税，并编制会计分录。

凭证 3-2-2

新疆增值税专用发票

3200031001　　　　开票日期：2019年07月05日

购买方	名　称：华鸣百货公司 纳税人识别号：91320400×××××7783 地址、电话：淮安市友谊路32号85×××880 开户行及账号：建行淮安区分行238×××6654			密码区			
货物或应税劳务、服务名称	规格型号	单位	数量	单价	金额	税率	税额
白酒		吨	50	6000.00	300000.00	13%	39000.00
合　计					¥300000.00		¥39000.00
价税合计（大写）	⊗叁拾叁万玖仟圆整（小写）¥339000.00						
销售方	名　称：南通振兴有限公司 纳税人识别号：91652301×××××3144 地址、电话：河浜路76号85×××632 开户行及账号：中行昌吉支行097×××6511			备注	南通振兴有限公司 91652301×××××3144 发票专用章		

收款人：　　　复核：　　　开票人：万×　　　销售方（章）

第一联 记账联 销货方记账凭证

【工作程序与方法要求】

步骤 1　计算生产环节白酒的消费税

师傅指导：首先要知道白酒的税率，最好记在心里，白酒消费税的计算方法是复合计征，即：

应纳税额＝应税销售数量（或移送数量）×定额税率＋应税销售额（组成计税价）×比例税率

另外还要注意把发票中商品数量单位换算成与定额税率的单位一致，因此

应纳消费税＝50 吨×2000 斤/吨×0.5 元/斤＋300 000 ×20%

　　　　　＝50 000 元＋60 000 元＝110 000 元

步骤 2　录入消费税会计分录

师傅指导：此笔业务操作与子任务 1 相同，会计分录按以下录入：

借：税金及附加　110 000

　　贷：应交税费——应交消费税　110 000

步骤 3　根据原始票据录入销售白酒的会计分录

凭证 3-2-3

商业承兑汇票

2 汇票号码 01253681

出票日期（大写）　　　　贰零壹玖年零柒月零贰日

付款人	全　称	华鸣百货公司	收款人	全　称	南通振兴有限公司
付款人	账　号	238××××654	收款人	账　号	097××××6511
付款人	开户银行	建行淮安区分行	收款人	开户银行	中行昌吉支行

出票金额人民币（大写）	叁拾叁万玖仟元整	亿	千	百	十	万	千	百	十	元	角	分
				¥	3	3	9	0	0	0	0	0

汇票到期（大写）	贰零贰零年零壹月零贰日	交易合同号	
本汇票已经本单位承兑，到期日无条件支付票款 （华鸣百货公司 财务专用章）（成李印永） 承兑人盖章 承兑日期2019年7月2日		本汇票请予以承兑于到期日付款。 （华鸣百货公司 财务专用章）（成李印永） 出票人签章	

此联持票人开户行随托收凭证寄付款人作借方凭证附件

师傅指导：原始凭证有商业汇票（凭证 3-2-3），所以此项业务的借方记“应收票据”，会计分录按以下录入：

借：应收票据——华鸣百货　　339 000

贷：主营业务收入——白酒　　300 000

应交税费—应交增值税（销项税额）39 000

步骤 4　根据出库单录入会计分录

产品出货单

日期	编号	用途	产品名称	单位	数量	单位成本	总成本	购货单位
7.2	02001	销售	啤酒	吨	10	1 800.00	18 000.00	华鸣百货公司
7.5	02002	销售	白酒	吨	50	4 200.00	210 000.00	华鸣百货公司

师傅指导：首先找出编号 02002 的出库单，借方记“主营业务成本”，贷方记“库存商品”，根据出库单上记载的成本录入会计分录如下：

借：主营业务成本　　210 000

　　贷：库存商品——白酒　　210 000

师傅要求：找到正确的会计科目，并录入会计分录；计算正确，有问题主动发问。

注意事项：

① 只有卷烟和白酒采用复合计征的方法计算消费税；

② 一定要注意不同纳税环节的计税方法略有不同；

③ 定额税率的单位和发票中的单位是否一致；

④ 会计分录要标明二级明细科目。

子任务 3　药酒消费税核算

7 月 7 日向华利商场销售 50 箱药酒，货款未付，增值税发票已开（凭证 3-2-4）。在师傅指导带领下，根据原始凭证凭证 3-2-4 正确核算生产环节的消费税，并对此项业务进行账务处理。

【任务目标与质量要求】

熟知消费税的基本规定和计算方法。

【学习产出目标】

能根据原始凭证熟练算出消费税，并编制会计分录。

凭证 3-2-4

新疆增值税专用发票

（全国统一发票监制章　新疆维吾尔自治区税务局）

N0.21606503

3200031001　　开票日期：2019年07月07日

购买方	名　　称：华利商场 纳税人识别号：91320364758×××7342 地 址、电 话：淮安市江海路115号85×××880 开户行及账号：建行淮安区分行 238×××654			密码区			
货物或应税劳务、服务名称	规格型号	单位	数量	单价	金额	税率	税额
药酒 合　计		箱	50	3200.00	160000.00 ¥160000.00	13%	20800.00 ¥20800.00
价税合计（大写）	⊗壹拾捌万零捌佰圆整（小写）¥180800.00						
销售方	名　　称：南通振兴有限公司 纳税人识别号：91652301×××××3144 地址、电 话：河浜路76号85×××632 开户行及账号：中行昌吉支行097××××6511			备注	南通振兴有限公司 96152301××××3144 发票专用章		

第一联　记账联　销货方记账凭证

收款人：　　复核：　　开票人：万×　　销售方（章）

【工作程序与方法要求】

步骤 1　计算销售药酒的消费税

师傅指导：首先查税率表找到药酒适用税率 10%，然后根据税率计算消费税。

应纳消费税＝160 000×10%＝16 000（元）

步骤 2　录入消费税会计分录

师傅指导：参照上一个任务。

借：税金及附加　16 000

　　贷：应交税费—应交消费税　　16 000

步骤 3　录入销售药酒的会计分录

师傅指导：原始凭证中没有银行票据回单，所以此项业务的借方记“应收账款”，贷方要分别记入“主营业务收入”和“应交税费—应交增值税（销项税额）”两个科目。会计分录按以下录入：

借：应收账款——华利商场　180 800

　　贷：主营业务收入——药酒　160 000

　　贷：应交税费——应交增值税（销项税额）20 800

步骤 4　根据出库单录入会计分录

产品出货单

日期	编号	用途	产品名称	单位	数量	单位成本	总成本	购货单位
7.2	02001	销售	啤酒	吨	10	1 800.00	18 000.00	华鸣百货公司
7.5	02002	销售	白酒	吨	50	4 200.00	210 000.00	华鸣百货公司
7.7	02003	销售	药酒	吨	50	2 400.00	120 000.00	华利百货公司

师傅指导：首先找出编号 02003 的出库单，借方记“主营业务成本”，贷方记“库存商品”，根据出库单上记载的成本录入会计分录如下：

借：主营业务成本　120 000

　　贷：库存商品——药酒　　　120 000

师傅要求：找到正确的会计科目，并录入会计分录；计算正确，有问题主动发问。

注意事项：

① 能根据税率判断消费税计算方法；

② 从价计征的销售额不含增值税；

③ 会计分录要标明二级明细科目。

子任务 4　向小规模纳税人销售白酒

7 月 8 日向华运公司（小规模纳税人）销售散装粮食白酒 8t，货款已收（凭证 3-2-5，凭证 3-2-6）。在师傅指导带领下，根据原始凭证正确核算消费税，并对此项业务进行账务处理。

【任务目标与质量要求】

正确辨认向小规模纳税人开的发票是否正确。

【学习产出目标】

能根据原始凭证熟练算出消费税，并编制会计分录。

凭证 3-2-5

新疆增值税普通发票

（印章：全国统一发票监制章 国家税务总局 新疆维吾尔自治区税务局）

N0.21606504

3200031001 开票日期：2019年07月08日

购买方	名　　称：华运公司 纳税人识别号：91652301××××7483 地 址、电 话：昌吉市嘉兴路5号86×××788 开户行及账号：建行昌吉市分行 238×××654			密码区			
货物或应税劳务、服务名称	规格型号	单位	数量	单价	金额	税率	税额
白酒 合　计		吨	8	4000.00	32000.00 ¥32000.00	13%	4160.00 ¥4160.00
价税合计（大写）	⊗叁万陆仟壹佰陆拾圆整（小写） ¥36160.00						
销售方	名　　称：南通振兴有限公司 纳税人识别号：91652301×××××3144 地址、电 话：河浜路76号85×××632 开户行及账号：中行昌吉支行097××××6511			备注	（印章：南通振兴有限公司 96152301××××3144 发票专用章）		

第一联 记账联 销货方记账凭证

收款人：　　复核：　　开票人：万×　　销售方（章）

凭证 3-2-6

中国银行 进账单(回单)　1

2019年7月8日

出票人	全　称	华运公司	收款人	全　称	南通振兴有限公司
	账　号	2386106654		账　号	09767616511
	开户行社	建设银行南通市分行		开户行社	中国银行昌吉市支行
人民币(大写)叁万陆仟壹佰陆拾元整			亿千百十万千百十元角分		¥3616000
票据种类	转账支票		（印章：中国银行 昌吉市支行 2019.07.08 转讫）		
票据张数	1				
复核　　记账			开户银行签单		

此联是由开户银行交给持票人的回单

【工作程序与方法要求】

步骤 1　计算销售的酒的消费税

师傅指导：首先查税率表找到适用税率0.5元/斤，20%，然后根据税率计算消费税。

应纳消费税＝8吨×1 000斤/吨×0.5元/斤＋36 160元÷1.13×20%

＝8 000＋6 400＝14 400（元）

步骤 2　录入消费税会计分录

师傅指导：操作方法同子任务1。

借：税金及附加 14 400

贷：应交税费—应交消费税　14 400

步骤 3　录入销售白酒的会计分录

师傅指导：原始凭证中有银行转账支票，所以此项业务的借方记“银行存款”，贷方科目与上面业务相同。

借：银行存款　　36 160

贷：主营业务收入——白酒　32 000

应交税费——应交增值税（销项税额）4 160

步骤 4　根据出库单录入会计分录

表 3-2-1　产品出库单

日期	编号	用途	产品名称	单位	数量	单位成本	总成本	购货单位
7.2	02001	销售	啤酒	吨	10	1 800.00	18 000.00	华鸣百货公司
7.5	02002	销售	白酒	吨	50	4 200.00	210 000.00	华鸣百货公司
7.7	02003	销售	药酒	箱	50	2 400.00	120 000.00	华利百货公司
7.8	02004	销售	散装白酒	吨	8	3 100.00	24 800.00	华运公司
7.10	02005	广告	白酒	吨	0.5	3 500.00	1 750.00	销售部
7.16	02006	抵债	白酒	吨	10	4 200.00	42 000.00	利丰公司
7.18	03101	加工酒精	酒精	吨	5	4 000.00	20 000.00	徐州凯达有限公司
		合计					436 550.00	

主管：　　　　会计：王慧春　　　　保管人：李玉　　　　经手人：

师傅指导：首先找出编号02004的出库单，根据出库单上记载的成本录入会计分录如下：

借：主营业务成本　24 800

贷：库存商品——散装白酒　　24 800

师傅要求：找到正确的会计科目，并正确录入会计分录。

子任务5　白酒作为广告样品的消费税核算

7月10日销售部门领用0.5吨粮食白酒作为广告样品，该种白酒无同类产品销售价，相关成本见出库单（表3-2-1）。在师傅指导带领下，根据出库单正确核算消费税，并对此项业务进行账务处理。

【任务目标与质量要求】

能对视同销售的业务进行正确核算。

【学习产出目标】

能根据已有单据核算消费税，并编制会计分录。

【工作程序与方法要求】

步骤1　计算白酒作为广告样品的消费税

师傅指导：首先要清楚白酒作为广告样品是否要计算消费税，要能正确判断哪些情况下是需要税务会计计算消费税的。其次一定要熟悉复合计征的组成计税价格的计算公式。按照计算公式就可以计算消费税和增值税了，具体计算如下：

复合计征的组成计税价格＝(成本＋利润＋消费税定额税)÷(1－消费税比例税率)

＝(1 750＋175＋500)÷(1－20％)＝3 031.25(元)

应纳增值税＝3 031.25×13％＝394.06元

应纳消费税＝0.5×2 000×0.5＋3 031.25×20％＝500＋606.25＝1 106.25（元）

步骤2　录入白酒作为广告样品的会计分录

师傅指导：首先要清楚白酒作为广告样品是为销售服务的，因此领用的白酒应当视为销售费用支出，记入“销售费用”的借方，同时不要忘记登记消费税和增值税的会计分录。这笔业务正确的分录如下：

借：销售费用　　　　3 250.31

　　贷：库存商品——白酒　　1 750

　　　　应交税费——应交增值税（销项税额）　　394.06

　　　　应交税费——应交消费税　　1 106.25

师傅要求：能正确核算视同销售的业务，并能正确录入会计分录。

子任务6 白酒抵债的消费税核算

7月16日，收到仓库保管员交来的产品出库单一份，用白酒10吨抵付利丰公司欠款68 000元。相关成本见出库单3-2-1。在师傅指导带领下，根据出库单正确核算消费税，并对此项业务进行账务处理。

【任务目标与质量要求】

能够学会抵债商品应税销售额的不同核算方法。

【学习产出目标】

能根据已有单据核算消费税、增值税，并编制会计分录。

【工作程序与方法要求】

步骤1 计算白酒抵债的消费税

师傅指导：首先要清楚用白酒抵债也是视同销售的一种，但是计算消费税时按最高价格计算，查看销售发票，最高销售单价为6 000元/吨，因此消费税计算如下：

应纳消费税＝10×2 000×0.5＋10×6 000×20%＝10 000＋12 000＝22 000（元）

步骤2 录入消费税会计分录

师傅指导：操作方法同子任务1。

借：税金及附加　　　22 000

　　贷：应交税费——应交消费税　　22 000

步骤3 录入白酒抵债的会计分录

师傅指导：

第一步，要清楚白酒抵债时，计算增值税按近期同类产品的平均价格计算，因此要先算出近期白酒平均价格。查看销售发票，7月5日和7月8日分别有两笔销售，根据销售发票上的数据，平均价格计算如下：

平均价格＝(300 000＋32 000)/(50＋8) ＝5 724.14元/吨

第二步，计算增值税

应交增值税＝ 5 724.14×10×13%＝7 441.4（元）

第三步，录入白酒抵债的会计分录。库存商品抵债时冲抵“应付账款”，因此，借方记“应付账款”科目，贷方记“主营业务收入”和“应交税费——应交增值税（销项税额）”，同时应付账款与主营业务收入和应交税费的差额记入资本公积科目的贷方。

这笔业务会计分录如下：

借：应付账款——利丰公司　68 000

　　贷：主营业务收入——白酒　57 241.4

　　　　应交税费——应交增值税（销项税额）　7 441.4

　　　　资本公积　3 317.2

步骤 4　根据出库单录入会计分录

师傅指导：首先找出编号 02006 的出库单，根据出库单上记载的成本录入会计分录如下：

借：主营业务成本　42 000

　　贷：库存商品——粮食白酒　42 000

师傅要求：能正确计算应税消费品抵债的消费税和增值税，正确录入会计分录。

注意事项：

① 商品抵债计算消费税用最高价，计算增值税用平均价。

② 注意平均价格的计算方法。

子任务 7　委托加工环节消费税核算

7 月 18 日委托另一酒厂加工葡萄酒，收回后直接用于销售。委托方提供的材料实际成本见出库单，加工费见凭证 3-2-7。在师傅指导带领下，根据原始凭证正确核算委托加工环节的消费税，并对此项业务进行账务处理。

【任务目标与质量要求】

熟知委托加工环节消费税计算方法，正确核算消费税。

【学习产出目标】

能根据原始凭证熟练算出消费税，并编制会计分录。

凭证 3-2-7

新疆增值税专用发票

国家税务总局监制 新疆维吾尔自治区税务局

3204875601　　　　　　　　　　　　　　　　　　N0.20374503
开票日期：2019年07月18日

购买方	名　　称：南通振兴有限公司 纳税人识别号：91652301××××××3144 地址、电 话：河浜路76号85×××632 开户行及账号：中行昌吉支行097××××6511				密码区		
货物或应税劳务、服务名称	规格型号	单位	数量	单价	金额	税率	税额
加工费 合　计					16000.00 ¥16000.00	13%	2080.00 ¥2080.00
价税合计（大写）	⊗壹万捌仟零捌拾圆整（小写） ¥18080.00						
销售方	名　　称：徐州凯达有限公司 纳税人识别号：91652301××××××1118 地址、电 话：解放路76号82×××338 开户行及账号：中行昌吉解放支行097××××3444				备注	徐州凯达有限公司 91652301××××××1118 发票专用章	

第一联 记账联　销货方记账凭证

收款人：　　　　复核：　　　　开票人：李×红　　　　销售方（章）

【工作程序与方法要求】

步骤 1　计算委托加工环节的消费税

师傅指导：根据出库单 03101 可知本公司提供的材料成本是 20 000 元，支付加工费见凭证 3-2-7；然后根据委托加工环节消费税的计算公式计算出委托加工环节由受托方代收代缴的消费税。计算结果如下：

由受托方代收代缴的消费税＝(20 000＋16 000)/(1－10％)×10％＝4 000（元）。

步骤 2　录入消费税会计分录

凭证 3-2-8

中国银行转账支票存根
01457361
附加信息：

出票日期2019年7月18 日

收款人：徐州凯达公司
金额：4000.00
用途：支付代缴消费税

单位主管　　　　会计

付款期限自出票之日起十天

中国银行　转账支票（新）　01457361

出票日期(大写) 贰零壹玖年零柒月零捌日　　付款行名称：昌吉支行
收款人：徐州凯达公司　　　　出票人账号：097××××6511

人民币（大写）	肆仟元整	亿	千	百	十	万	千	百	十	元	角	分
						¥	4	0	0	0	0	0

用途　支付代缴消费税　　　　科目（借）
上列款项请从我账户内支付　　对方科目（贷）
　　　　　　　　　　　　　　付讫日期　　年　月　日

南通振兴有限公司 财务专用章　　陈冰印

出票人签章　　　　复核　　　　记账

师傅指导：委托加工环节的消费税由委托方直接支付给受托方（凭证 3-2-8），借记“委托加工物资”科目，会计分录如下：

借：委托加工物资　　4 000

　　贷：银行存款　　4 000

步骤 3　录入向受托方提供原材料的会计分录

师傅指导：根据出库单 03101 可知，本公司提供的原材料为 20 000 元，借记“委托加工物资”科目，贷记“原材料”科目，会计分录如下：

借：委托加工物资　　20 000

　　贷：原材料　　20 000

步骤 4　录入支付加工费的会计分录

师傅指导：向受托方支付的加工费为不含增值税的加工费（凭证 3-2-7），同时委托加工属于增值税征收范围，因此支付的加工费要算进项税，因此，本笔业务的会计分录如下：

借：委托加工物资　　16 000

　　应交税费—应交增值税（进项税额）　　2 080

　　贷：银行存款　　18 080

师傅要求：正确录入会计分录，并能找到数据来源。

子任务 8　进口环节消费税核算

7 月 20 进口粮食白酒 100 吨，关税完税价 800 万元，关税税率 30%，进口环节缴纳相关税费凭证见凭证 3-2-9 至凭证 3-2-11。在师傅指导带领下，根据原始凭证正确核算消费税，并对此项业务进行账务处理。

【任务目标与质量要求】

熟知进口环节消费税的基本规定和计算方法，正确核算进口环节的消费税。

【学习产出目标】

能根据原始凭证熟练算出消费税和增值税，并编制会计分录

凭证 3-2-9　海关进口关税专用缴款书

收入系统：海关系统　　　　填发日期 2019 年 7 月 20 日　　　　号码：945876200548

收款单位	收款机关	中央金库			缴款单位	名称	南通振兴有限公司
	科　目	进口关税	预算级别	中央		账号	097××××6511
	收款国库	工商银行昌吉分理处				开户银行	中行昌吉支行

税号	货物名称	数量	单位	完税价格	税率	税款金额（¥）
S260301546852	白酒	100	吨	8 000 000	30%	2 400 000.00
金额人民币（大写）贰佰肆拾万元整					合计（¥）	2 400 000.00

申请单位编号	91652301×××××3144	报关单编号	124859	填制单位： （盖章） 制单人： 复核人：	收款国库
合同号	15283	运输工具	458		
缴款期限		提货单号	03648506		
备注：	一般贸易　照章征税				
	国际编号				

从填发缴款书之日起限 15 日内缴纳，逾期按日征收税款总额 5‰的滞纳金

凭证 3-2-10　海关进口消费税专用缴款书

收入系统：海关系统　　　　填发日期 2019 年 7 月 20 日　　　　号码：945876200686

收款单位	收款机关	中央金库			缴款单位	名称	南通振兴有限公司
	科　目	进口关税	预算级别	中央		账号	097××××6511
	收款国库	工商银行昌吉分理处				开户银行	中行昌吉支行

税号	货物名称	数量	单位	组成计税价格	比例税率	定额税率	税款金额（¥）
S260301546852	白酒	100	吨	13 125 000.00	20%	0.5 元/斤	2 725 000.00
金额人民币（大写）贰佰柒拾贰万伍仟元整					合计（¥）		2 725 000.00

申请单位编号	91652301×××××3144	报关单编号	124859	填制单位： （盖章） 制单人： 复核人：	收款国库
合同号	15283	运输工具	458		
缴款期限		提货单号	03648506		
备注：	一般贸易　照章征税				
	国际编号				

从填发缴款书之日起限 15 日内缴纳，逾期按日征收税款总额 5‰的滞纳金

凭证 3-2-11　海关进口增值税专用缴款书

收入系统：海关系统　　填发日期 2019 年 7 月 20 日　　号码：945876200456

<table>
<tr><td rowspan="3">收款单位</td><td>收款机关</td><td colspan="3">中央金库</td><td rowspan="3">缴款单位</td><td>名称</td><td colspan="2">南通振兴有限公司</td></tr>
<tr><td>科　目</td><td>进口关税</td><td>预算级别</td><td>中央</td><td>账号</td><td colspan="2">097××××6511</td></tr>
<tr><td>收款国库</td><td colspan="3">工商银行昌吉分理处</td><td>开户银行</td><td colspan="2">中行昌吉支行</td></tr>
<tr><td colspan="2">税号</td><td>货物名称</td><td>数量</td><td>单位</td><td colspan="2">组成计税价格</td><td>税率</td><td>税款金额（￥）</td></tr>
<tr><td colspan="2">S260301546852</td><td>白酒</td><td>100</td><td>吨</td><td colspan="2">13 125 000.00</td><td>13%</td><td>1 706 250.00</td></tr>
<tr><td colspan="7">金额人民币（大写）壹佰柒拾万零陆仟贰佰伍拾元整</td><td>合计（￥）</td><td>1 706 250.00</td></tr>
<tr><td colspan="2">申请单位编号</td><td colspan="2">91652301××××××3144</td><td colspan="2">报关单编号</td><td>124859</td><td rowspan="5">填制单位：
（盖章）
制单人：
复核人：</td><td rowspan="5">收款国库</td></tr>
<tr><td colspan="2">合同号</td><td colspan="2">15283</td><td colspan="2">运输工具</td><td>458</td></tr>
<tr><td colspan="2">缴款期限</td><td colspan="2"></td><td colspan="2">提货单号</td><td>03648506</td></tr>
<tr><td colspan="2" rowspan="2">备注：</td><td colspan="5">一般贸易　照章征税</td></tr>
<tr><td colspan="5">国际编号</td></tr>
</table>

从填发缴款书之日起限 15 日内缴纳，逾期按日征收税款总额 5‰的滞纳金

【工作程序与方法要求】

步骤 1　录入缴纳关税的会计分录

师傅指导：根据凭证 3-2-9 可知缴纳关税 240 万元，进口环节缴纳的关税计入采购货物成本，借记“材料采购”或“原材料”，因此会计分录如下：

借：材料采购　2 400 000

　　贷：银行存款　2 400 000

步骤 2　录入缴纳消费税的会计分录

师傅指导：第一步，计算进口环节的组成计税价格（即增值税缴款书中的完税价格），白酒是复合计征，依据其计算公式，进口环节的组成计税价格计算如下：

组成计税价格＝(800＋240＋100×1 000×2÷10 000×0.5)÷(1－20%)＝1 312.5(万元)

第二步，根据计算出的组成计税价格，再计算进口环节的消费税，依据计算公式可得：

应纳消费税＝1 312.5×20%＋100×1 000×2÷10 000×0.5＝262.5＋10＝272.5（万元）

第三步，根据缴款书 3-2-10，录入会计分录。进口环节海关代征的消费税应计入进口应税消费品的成本，因此，会计分录如下：

借：材料采购　　　　　　　　　　2 725 000

　　贷：应交税费——应交消费税　　　　2 725 000

步骤 3　录入缴纳增值税的会计分录

师傅指导：根据缴款书 3-2-11，已知进口环节的增值税为 170.625 万元，缴款时要

记入“应交税费—应交增值税（进项税额）”的借方，因此，会计分录如下：

借：应交税费——应交增值税（进项税额）　1 706 250

　　贷：银行存款　1 706 250

师傅要求：知道进口环节消费税和增值税的计算方法，并能正确计算，根据凭证正确录入会计分录。

注意事项：进口环节组成计税价相当于销售额，不要依照复合计征的计算公式计算消费税。

【工作任务实施记录与评价】

表1　学徒轮岗期间实习考核表

学校：__________班级：__________学徒姓名：__________日期：__________

实习任务		
自我鉴定（10分）	职业素养（2.5）	□优　□良　□一般　□较差
	工作态度（2.5）	□优　□良　□一般　□较差
	出勤率（2.5）	□优　□良　□一般　□较差
	专业技能（2.5）	□优　□良　□一般　□较差
	得分	
实习表现（50分）	得分　企业带教师傅签名：　日期：	
专业技能（40分）	报税程序掌握（10）	□优　□良　□一般　□较差
	申报表填报（10）	□优　□良　□一般　□较差
	操作熟练程度（10）	□优　□良　□一般　□较差
	业务处理（10）	□优　□良　□一般　□较差
	得分：　企业带教师傅签名：　日期：	
综合得分	（1）得分	
	（2）实习等级	□优　□良　□中等　□及格　□不及格

表 2　消费税的计算

师傅指导记录	消费税的计算评价
评价成绩：	年　月　日

表 3　消费税会计分录的编制

师傅指导记录	消费税会计分录的编制评价
评价成绩：	年　月　日

表 4　学徒关键职业能力及职业品质、工匠精神评价表

项目	A	B	C	D
工作态度				
吃苦耐劳				
团队协作				
沟通交流				
学习钻研				
认真负责				
诚实守信				
企业带教师傅签名：			日期：	

任务二　填写消费税纳税申报表

依据任务一计算出的消费税，完成本月消费税的纳税申报。已知6月份应缴消费税为115 000元，已在7月10日完成缴税，无减税免税项。在师傅指导带领下学习填写酒类消费税纳税申报表，并熟练掌握如何填写申报表。

【任务目标与质量要求】

能根据已有的业务资料正确填写酒类消费税纳税申报表。

【学习产出目标】

正确选取数据，规范填写，能解释申报表的数据来源。

【工作程序与方法要求】

步骤1　认识酒类应税消费品消费税纳税申报表的结构

师傅指导：结合纳税申报表，完成业务知识的学习，如果对业务知识中的内容有不理解的地方可以直接找自己的师傅询问。

师傅要求：能够完全掌握业务知识中对申报表各项数据关系的解释。

酒类应税消费品消费税纳税申报表

税款所属期：　　　年　　月　　日至　　　年　　月　　日

纳税人名称（公章）：　　　　　　纳税人识别号：□□□□□□□□□□□□□□□□□□

填表日期：　　年　　月　　日　　　　　　　　金额单位：元（列至角分）

项目 应税 消费品名称	适用税率		销售数量	销售额	应纳税额
	定额税率	比例税率			
粮食白酒	0.5元/斤	20%			
薯类白酒	0.5元/斤	20%			
啤酒	250元/吨	—			
啤酒	220元/吨	—			
黄酒	240元/吨	—			
其他酒	—	10%			
合计	—	—	—	—	

续表

<table>
<tr><td>本期准予抵减税额：</td><td rowspan="3">声明
此纳税申报表是根据国家税收法律的规定填报的，我确定它是真实的、可靠的、完整的。
经办人（签章）：
财务负责人（签章）：
联系电话：</td></tr>
<tr><td>本期减（免）税额：</td></tr>
<tr><td>期初未缴税额：</td></tr>
<tr><td>本期缴纳前期应纳税额：</td><td rowspan="4">（如果你已委托代理人申报，请填写）
授权声明
为代理一切税务事宜，现授权____ ________（地址）__________为本纳税人的代理申报人，任何与本申报表有关的往来文件，都可寄予此人。
授权人签章：</td></tr>
<tr><td>本期预缴税额：</td></tr>
<tr><td>本期应补（退）税额：</td></tr>
<tr><td>期末未缴税额：</td></tr>
</table>

以下由税务机关填写

受理人（签章）：　　受理日期：　年　月　日　　受理税务机关（章）：

【业务知识】

一、本表仅限酒类应税消费品消费税纳税人使用。

二、本表“税款所属期”是指纳税人申报的消费税应纳税额的所属时间，应填写具体的起止年、月、日。

三、本表“纳税人识别号”栏，填写纳税人的税务登记证号码（统一社会信用代码）。

四、本表“纳税人名称”栏，填写纳税人单位名称全称。

五、本表“销售数量”为《中华人民共和国消费税暂行条例》《中华人民共和国消费税暂行条例实施细则》及其他法规、规章规定的当期应申报缴纳消费税的酒类应税消费品销售（不含出口免税）数量。计量单位：粮食白酒和薯类白酒为斤（如果实际销售商品按照体积标注计量单位，应按500毫升为500克换算），啤酒、黄酒和其他酒为吨。

六、本表“销售额”为《中华人民共和国消费税暂行条例》《中华人民共和国消费税暂行条例实施细则》及其他法规、规章规定的当期应申报缴纳消费税的酒类应税消费品销售（不含出口免税）收入。

七、根据《中华人民共和国消费税暂行条例》和《财政部 国家税务总局关于调整酒类产品消费税政策的通知》（财税〔2001〕84号）的规定，本表“应纳税额”计算公式如下：

（一）粮食白酒、薯类白酒

应纳税额＝销售数量×定额税率＋销售额×比例税率

（二）啤酒、黄酒

应纳税额＝销售数量×定额税率

（三）其他酒

应纳税额＝销售额×比例税率

八、本表“本期准予抵减税额”填写按税收法规规定的本期准予抵减的消费税应纳税额。其准予抵减的消费税应纳税额情况，需填报本表附1“本期准予抵减税额计算表”予以反映。

“本期准予抵减税额”栏数值与本表附1“本期准予抵减税额计算表”“本期准予抵减税款合计”栏数值一致。

九、本表“本期减（免）税额”不含出口退（免）税额。

十、本表“期初未缴税额”栏，填写本期期初累计应缴未缴的消费税额，多缴为负数。其数值等于上期申报表“期末未缴税额”栏数值。

十一、本表“本期缴纳前期应纳税额”填写本期实际缴纳入库的前期应缴未缴消费税额。

十二、本表“本期预缴税额”填写纳税申报前纳税人已预先缴纳入库的本期消费税额。

十三、本表“本期应补（退）税额”填写纳税人本期应纳税额中应补缴或应退回的数额，计算公式如下，多缴为负数：

本期应补（退）税额＝应纳税额（合计栏金额）－本期准予抵减税额－本期减（免）税额－本期预缴税额

十四、本表“期末未缴税额”填写纳税人本期期末应缴未缴的消费税额，计算公式如下，多缴为负数：

期末未缴税额＝期初未缴税额＋本期应补（退）税额－本期缴纳前期应纳税额

十五、本表为A4竖式，所有数字小数点后保留两位。一式两份，一份纳税人留存，一份税务机关留存。

步骤2　填写纳税申报表

师傅指导：

第一步，根据企业基本信息填写申报表中的税款所属期、纳税人识别号，其次填写填表日期。

酒类应税消费品消费税纳税申报表

税款所属期：　　　2019年7月1日至　2019年7月31日

纳税人名称（公章）：________纳税人识别号：| 9 | 1 | 6 | 5 | 2 | 3 | 0 | 1 | × | × | × | × | × | × | 3 | 1 | 4 | 4 |

填表日期：2019年8月5日　　　　　　　　　　金额单位：元（列至角分）

第二步，根据凭证3-2-2，3-2-5，子任务5步骤1的计算结果，子任务6步骤1和步骤2的计算结果，汇总得出消费税申报表中第一行粮食白酒的销售数量为：

(50＋8＋0.5＋10)×2 000＝137 000（斤）

销售额为：300 000＋32 000＋3 031.25＋60 000＝395 031.25（元）

应纳税额为：137 000×0.5＋395 031.25×20%＝147 506.25（元）

或者应纳税额＝110 000＋14 400＋1 106.25＋22 000＝147 506.25（元）

以上四个数据分别来源于子任务2，子任务4，子任务5，子任务6中的消费税的计算结果。

项目 / 应税消费品名称	适用税率		销售数量	销售额	应纳税额
	定额税率	比例税率			
粮食白酒	0.5元/斤	20%	137 000	395 031.25	147 506.25
薯类白酒	0.5元/斤	20%			
啤酒	250元/吨	—			
啤酒	220元/吨	—	10		2 200.00
黄酒	240元/吨	—			
其他酒	—	10%		160 000.00	16 000.00
合计	—	—	—	—	165 706.25

第三步，根据凭证3-2-1和子任务1的计算结果，填制申报表第四行啤酒的销售数量10吨，应纳税额2 200元。

第四步，根据凭证3-2-4和子任务3的计算结果，填制申报表第六行其他酒的销售额为160 000元，应纳税额16 000元。

第五步，把纳税申报表中的应纳税额加总，得出应纳税额合计数165 706.25元。

第六步，填写纳税申报表左下部分，其中期初未缴税额就是6月份应缴纳的消费税115 000元，本期缴纳前期应纳税额就是7月10日支付6月份的消费税款115 000元，本其无减（免）、抵减税额，无预缴税额，因此本期应补（退）税额就是7月份应缴纳的消费税165 706.25元，期末未缴税额也是165 706.25元。

本期准予抵减税额：
本期减（免）税额：
期初未缴税额：115 000.00
本期缴纳前期应纳税额：115 000.00
本期预缴纳税额：：0
本期应补（退）税额：165 706.25
期末未缴税额：165 706.25

第七步，填写纳税申报表声明处的经办人（报税会计）、财务负责人的姓名及企业联系电话。

声明

此纳税申报表是根据国家税收法律的规定填报的。我确定它是真实的、可靠的、完整的。

经办人（签章）：杨阳

财务负责人（签章）：王慧春

联系电话：0994-2345678

第八步，对纳税申报表的信息检查审核无误后，加盖单位公章。

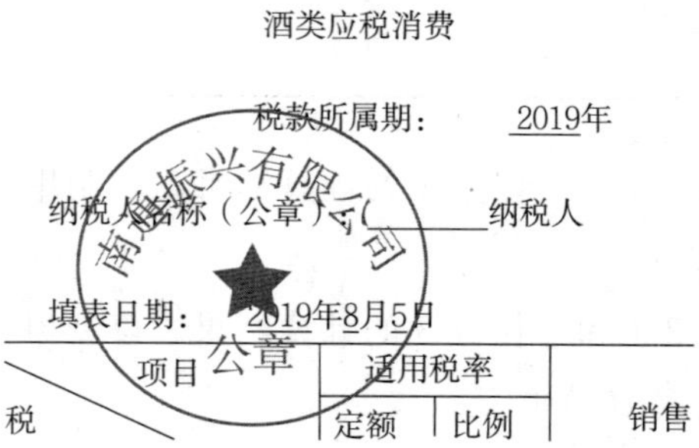
酒类应税消费
税款所属期：　2019年
纳税人名称（公章）：（　　纳税人
填表日期：　2019年8月5日

税	项目	适用税率		销售
		定额	比例	

第九步，完成网上纳税申报表的提交。

第十步，税务机关审查无误后，在网上报税系统上点击“扣税”，自动从公司的中国银行账户扣除相应的税款，完成税款缴纳。

第十一步，收到银行缴税付款凭证（凭证 3-2-12），并根据凭证录入会计分录：

借：应交税费——应交消费税　165 706.25

　　贷：银行存款　　　　165 706.25

凭证 3-2-12　中国银行电子缴税付款凭证

转账日期：2019 年 8 月 10 日　　　　凭证编号：20190908××××3122

付款人全称：南通振兴有限公司	征收机关名称：昌吉市国家税务局
付款人账号：097××××6511	收款国库名称：国家金库昌吉市支库
付款人开户银行：中行昌吉支行	税票号码：72011011××××3333
小写金额　￥165 706.25	
大写金额：人民币壹拾陆万伍仟柒佰零陆元贰角伍分	
税种名称　　　所属日期	实缴金额
消费税　　　20190701—20190731	￥165 706.25
第 1 次打印	11：11：11

第二联　作付款回单（无银行收讫章无效）　　复核　　　记账

师傅要求：根据前期录入的会计分录，正确填报酒类消费税申报表，能熟练完成网上报税。

注意事项：

① 申报表中金额单位列至角分；

② 粮食白酒和薯类白酒的销售数量单位为斤。

【业务知识】

如何认定逃税罪

逃税行为跨越若干个纳税年度，只要其中一个纳税年度的逃税数额及百分比达到刑法第二百零一条第一款规定的标准，即构成逃税罪。数额在 5 万元以上并且占应纳税额 10％以上，构成逃税罪的，处三年以下有期徒刑或者拘役，并处罚金。数额巨大并且占应纳税额 30％以上的，处三年以上七年以下有期徒刑，并处罚金。

依法纳税是每个公民应尽的义务，为了规范这一块，我国对税收是制定了不少规定的。同时，对于那些偷税、逃税等行为，也是规定了相应的罪名进行处罚的。

（一）对逃税罪是如何认定的

（1）客体要件：逃税罪的客体是指逃税行为侵犯了我国的税收征收管理秩序。

(2) 客观要件：本罪的客观方面表现为：纳税人采取欺骗、隐瞒手段，进行虚假纳税申报或者不申报，逃避缴纳税款数额较大且占应纳税额百分之十以上；扣缴义务人采取欺骗、隐瞒手段不缴或者少缴已扣、已收税款，数额较大的行为。

(3) 主体要件：本罪的犯罪主体包括纳税人和扣缴义务人。既可以是自然人，也可以是单位。

(4) 主观要件：本罪的主观要件是故意和过失。进行虚假纳税申报行为是在故意的心理状态下进行的。不进行纳税申报一般也是故意的行为，有时也存在过失的可能，对于确因疏忽而没有纳税申报，属于漏税，依法补缴即可，其行为不构成犯罪。因此，逃税罪的主观要件一般是故意。

（二） 逃税罪怎么处罚

（根据刑法修正案七修改）刑法第二百零一条：

纳税人采取欺骗、隐瞒手段进行虚假纳税申报或者不申报，逃避缴纳税款数额较大并且占应纳税额10%以上的，处三年以下有期徒刑或者拘役，并处罚金；数额巨大并且占应纳税额30%以上的，处三年以上七年以下有期徒刑，并处罚金。

扣缴义务人采取前款所列手段，不缴或者少缴已扣、已收税款，数额较大的，依照前款的规定处罚。

对多次实施前两款行为，未经处理的，按照累计数额计算。

有第一款行为，经税务机关依法下达追缴通知后，补缴应纳税款，缴纳滞纳金，已受行政处罚的，不予追究刑事责任；但是，五年内因逃避缴纳税款受过刑事处罚或者被税务机关给予二次以上行政处罚的除外。

资料来源：http://www.64365.com/zs/686759.aspx

【案例分析】

郭×逃税案

2007年7月至2008年12月，被告人郭×在任汤阴县×塑料有限公司法人代表期间，利用福利企业的名义，以虚报残疾上岗人员的手段，骗取退税217 823.02元。

案发后，被告人郭×及其家属能积极缴纳税款，当庭认罪态度较好，可酌定从轻处罚。依照《中华人民共和国刑法修正案（七）》第三条、《中华人民共和国刑法》第七十二条第一款、第七十三条的规定，判决如下：

被告人郭×犯逃税罪，判处有期徒刑三年，缓刑五年，并处罚金人民币250 000元。

【工作任务实施记录与评价】

表 1　学徒轮岗期间实习考核表

学校：__________班级：__________学徒姓名：__________日期：__________

实习任务					
自我鉴定（10 分）	职业素养（2.5）	□优	□良	□一般	□较差
	工作态度（2.5）	□优	□良	□一般	□较差
	出勤率（2.5）	□优	□良	□一般	□较差
	专业技能（2.5）	□优	□良	□一般	□较差
	得分				
实习表现（50 分）	得分　　企业带教师傅签名：　　　　日期：				
专业技能（40 分）	报税程序掌握（10）	□优	□良	□一般	□较差
	申报表填报（10）	□优	□良	□一般	□较差
	操作熟练程度（10）	□优	□良	□一般	□较差
	业务处理（10）	□优	□良	□一般	□较差
	得分：　　企业带教师傅签名：　　　　日期：				
综合得分	（1）得分				
	（2）实习等级	□优　□良　□中等　□及格　□不及格			

表 2　消费税纳税申报表的填写

师傅指导记录	纳税申报表的填写评价
评价成绩：	年　　月　　日

表 3　学徒关键职业能力及职业品质、工匠精神评价表

项目	A	B	C	D
工作态度				
吃苦耐劳				
团队协作				
沟通交流				
学习钻研				
认真负责				
诚实守信				
企业带教师傅签名：			日期：	

项目三　企业所得税核算与纳税申报

企业所得税纳税申报表填制时需要填制“企业所得税年度纳税申报基础信息表”“中华人民共和国企业所得税年度纳税申报表（A类）”，并且结合企业实际涉税业务，在35个明细表中选择“填报”或“不填报”。我们以南通振兴有限公司为例，按步骤完成企业所得税纳税申报表填写。

任务一　收入确认

南通振兴有限公司王慧春准备申报2018年度企业所得税。请在师傅的带领下根据资料（表3-3-1和表3-3-2）填报该企业2018年企业所得税收入明细表。

表3-3-1　销售收入情况明细表

序号	收入项目	入账金额	备注
1	销售啤酒收入	18 000 000.00	
2	销售白酒收入	9 000 000.00	
3	销售药酒收入	3 000 000.00	
		30 000 000.00	

表3-3-2　营业外收入明细表

序号	收入项目	入账金额	备注
1	违约金	50 000.00	
2	非货币性资产交换利得	60 000.00	
3	现金债务重组净所得	90 000.00	
		200 000.00	

【任务目标与质量要求】

准确核算企业年度收入并填写“一般企业收入明细表”

【学习产出目标】

按企业实际情况快速准确填写“一般企业收入明细表”

【工作程序与方法要求】

步骤 1　录入主营业务收入

师傅指导：除金融企业、事业单位和民间非营利组织外的企业填报“一般企业收入明细表”，根据企业性质，我们遵循权责发生制原则和实质重于形式原则将归属于本期的收入填入第三行销售商品收入。如果本期有营业外收入，根据具体实现收入类型填制对应行列即可。录入结果如下：

行次	项目	金额
1	一、营业收入（2+9）	30 000 000.00
2	（一）主营业务收入（3+5+6+7+8）	30 000 000.00
3	1. 销售商品收入	30 000 000.00

步骤 2　录入营业外收入

师傅指导：根据表 3-3-2 营业外收入明细表，我们分别将非货币性资产交换利得录入 18 行，现金债务重组净所得录入 19 行，将违约金收入录入 23 行。如果有其他营业外收入项目，录入对应行数即可。录入结果如下：

17	（一）非流动资产处置利得	
18	（二）非货币性资产交换利得	60 000.00
19	（三）债务重组利得	90 000.00
20	（四）政府补助利得	
21	（五）盘盈利得	
22	（六）捐赠利得	
23	（七）罚没利得	50 000.00

步骤 3　汇总收入总额

师傅指导：根据步骤 1、2 结果，我们分别将主营业务收入、其他业务收入以及营业外收入录入。主营业务收入为行次 3＋5＋6＋7＋8 数据总和，其他业务收入(为行次 10＋12＋13＋14＋15 数据总和，营业收入为主营业务收入与其他业务收入之和，营业外收入为 17＋18＋19＋20＋21＋22＋23＋24＋25＋26 数据总和。填制如下表。

A101010　一般企业收入明细表

行次	项目	金额
1	一、营业收入（2+9）	30 000 000.00
2	（一）主营业务收入（3+5+6+7+8）	30 000 000.00

续表

行次	项目	金额
3	1. 销售商品收入	30 000 000.00
4	其中：非货币性资产交换收入	
5	2. 提供劳务收入	
6	3. 建造合同收入	
7	4. 让渡资产使用权收入	
8	5. 其他	
9	（二）其他业务收入（10＋12＋13＋14＋15）	
10	1. 销售材料收入	
11	其中：非货币性资产交换收入	
12	2. 出租固定资产收入	
13	3. 出租无形资产收入	
14	4. 出租包装物和商品收入	
15	5. 其他	
16	二、营业外收入（17＋18＋19＋20＋21＋22＋23＋24＋25＋26）	200 000.00
17	（一）非流动资产处置利得	
18	（二）非货币性资产交换利得	60 000.00
19	（三）债务重组利得	90 000.00
20	（四）政府补助利得	
21	（五）盘盈利得	
22	（六）捐赠利得	
23	（七）罚没利得	50 000.00
24	（八）确实无法偿付的应付款项	
25	（九）汇兑收益	
26	（十）其他	

师傅提醒：

① 如果企业有视同销售业务，需要将其并入收入中征收企业所得税。

② 必须遵循权责发生制原则和实质重于形式原则。

【业务知识】

收入总额的确定

（一）收入总额确定的一般规定

收入总额是指纳税人以货币形式和非货币形式从各种来源取得的收入。其具体包括以下各项收入。

（1）销售货物收入：是指纳税人销售商品、产品、原材料、包装物、低值易耗品以及其他存货取得的收入。除法律另有规定外，纳税人销售货物收入的确认，必须遵循权责发生制原则和实质重于形式原则。

（2）提供劳务收入：是指纳税人从事建筑安装、修理修配、交通运输、仓储租赁、金融保险、邮电通信、咨询经纪、文化体育、科学研究、技术服务、教育培训、餐饮住宿、中介代理、卫生保健、社区服务、旅游、娱乐、加工以及其他劳务服务活动取得的收入。

企业在各个纳税期末，提供劳务交易的结果能够可靠估计的，应采用完工进度（完工百分比）法确认提供劳务收入。

（3）其他收入：是指纳税人取得的股息、利息、租金、特许权使用费、接受捐赠等收入。其中股息、红利等权益性投资收益，除另有规定外，按照被投资方做出利润分配决定的日期确认收入的实现。利息、租金、特许权使用费等收入，应该按照合同规定的应付日期来确定。接受捐赠的收入按照实际收到捐赠资产的日期确认收入的实现。

（二）收入总额确定的特殊规定

（1）国债利息收入：纳税人购买国债的利息收入，不计入应纳税所得额。

（2）视同销售行为：纳税人发生非货币性资产交换，以及将货物、财产、劳务用于捐赠、偿债、赞助、集资、广告、样品、职工福利或者是利润分配等用途的，应当视同销售货物、转让财产或者提供劳务，但国务院财政、税务主管部门另有规定的除外。

（3）分期确认的收入：下列生产经营业务的收入纳税人可以分期确定。①以分期收款方式销售货物的，按照合同约定的收款日期确认收入的实现；②企业受托加工制造大型机械设备、船舶、飞机，以及从事建筑、安装、装配工程业务或者提供其他劳务等，持续时间超过12个月的，按照纳税年度内完工进度或者完成的工作量确定收入的实现。

（三）不征税收入

不征税收入是指从性质和根源上不属于企业营利性活动带来的经济利益、不负有纳税义务，不作为应纳税所得额组成部分的收入。

不征税收入不同于免税收入，免税收入是企业所得税税收优惠，国家可能根据一定时期的宏观经济政策予以征税或者是不征税。但是，不征税收入永远不可能列为征税范围的。

（四）免税收入

免税收入是指属于企业的应纳税所得，但是按照《企业所得税法》的规定暂时免予征收企业所得税的收入。企业的免税收入包括以下几个方面。

（1）国债利息收入：企业持有国务院财政部门发行的国债取得的利息收入。

（2）符合条件的居民企业之间的股息、红利等权益性投资收益。

（3）在中国境内设立机构、场所的非居民企业从居民企业取得与该机构、场所有实际联系的股息、红利等权益性投资收益。

(4) 符合规定条件的非营利性组织的收入。

符合条件的非营利性组织，是指同时符合下列条件的组织。

① 依法履行非营利性组织登记手续。

② 从事公益性或者非营利性活动。

③ 取得的收入除用于与该组织有关的、合理的支出外，全部用于登记核定或者章程规定的公益性或者非营利性事业。

④ 财产及其孳息不用于分配。

⑤ 按照登记核定或者章程规定，该组织注销后的剩余财产用于公益性或者非营利性目的，或者由登记管理机关转赠给与该组织性质、宗旨相同的组织，并向社会公告。

⑥ 投入人对投入该组织的财产不保留或者享有任何财产权利。

⑦ 工作人员工资福利开支控制在规定的比例内，不变相分配该组织的财产。

⑧ 国务院财政、税务主管部门规定的其他条件。

对非营利性组织从事营利性活动取得的收入则要征税。

【工作任务实施记录与评价】

表 1 学徒轮岗期间实习考核表

学校：__________班级：__________学徒姓名：__________日期：__________

实习任务						
自我鉴定（20 分）	职业素养（5）	□优	□良	□一般	□较差	
	工作态度（5）	□优	□良	□一般	□较差	
	出勤率（5）	□优	□良	□一般	□较差	
	专业技能（5）	□优	□良	□一般	□较差	
	得分					
实习表现（20 分）	得分　　企业带教师傅签名：　　日期：					
专业技能（60 分）	程序掌握（15）	□优	□良	□一般	□较差	
	收入确认（15）	□优	□良	□一般	□较差	
	熟练程度（15）	□优	□良	□一般	□较差	
	申报表填写（15）	□优	□良	□一般	□较差	
	得分　　企业带教师傅签名：　　日期：					
综合得分	(1) 得分					
	(2) 实习等级	□优	□良	□中等	□及格	□不及格

表 2　收入确认

师傅指导记录	一般收入明细表填写评价
评价成绩：	年　　月　　日

表 3　学徒关键职业能力及职业品质、工匠精神评价表

项目	A	B	C	D
工作态度				
吃苦耐劳				
团队协作				
沟通交流				
学习钻研				
认真负责				
诚实守信				
企业带教师傅签名：			日期：	

任务二　成本支出及费用确认

南通振兴有限公司王慧春准备申报 2018 年度企业所得税。请在师傅的带领下根据资料（表 3-3-3 至表 3-3-7）填报该企业 2018 年企业成本支出明细表和期间费用明细表。

表 3-3-3　成本费用明细表

序号	成本项目	入账金额	备注
1	销售啤酒成本	12 000 000.00	
2	销售白酒成本	7 000 000.00	
3	销售药酒成本	2 000 000.00	
	合计	21 000 000.00	

表 3-3-4　营业外支出明细表

序号	支出项目	入账金额	备注
1	支付违约金	550 000.00	
2	税务局滞纳金	100 000.00	
3	捐赠支出	300 000.00	通过民政局向灾区捐款
4	支付诉讼费	50 000.00	
	合计	1 000 000.00	

表 3-3-5　销售费用明细表

序号	项目明细	入账金额	序号	项目明细	入账金额
1	销售部门员工工资	100 000.00	4	其他费用	50 000.00
2	销售部门员工福利费	14 000.00		合计	1 200 000.00
3	广告费	1 036 000.00			

表 3-3-6　财务费用明细表

序号	项目明细	入账金额	备注
1	向金融机构借款	270 000.00	向工行借款 450 万元，年利率 6%
2	银行罚息	7 800.00	
3	手续费	2 200.00	
	合计	280 000.00	

表 3-3-7　管理费用明细表

序号	项目明细	入账金额	序号	项目明细	入账金额
1	行政部门员工工资	400 000.00	6	差旅费	142 500.00
2	行政部门员工福利费	70 000.00	7	交通费	19 500.00
3	职工工会经费	8 000.00	8	行政部门员工社会保险和住房公积金	250 000.00
4	职工教育经费	10 000.00	9	固定资产折旧	150 000.00
5	业务招待费	300 000.00	10	三新研发费	1 000 000.00
合计					2 350 000.00

【任务目标与质量要求】

1. 按企业实际情况准确填写“一般企业成本支出明细表”。
2. 按企业实际情况准确填写“期间费用明细表”。

【学习产出目标】

按企业实际情况快速准确填写“一般企业成本支出明细表”以及“期间费用明细表”。

【工作程序与方法要求】

1. 一般企业成本支出明细表填写

师傅指导：根据表 3-3-3，表 3-3-4，我们分别将成本录入对应行数。23 行罚没支出为税务局滞纳金。支付违约金与诉讼费并入其他项目中。

A102010　一般企业成本支出明细表

行次	项目	金额
1	一、营业成本（2+9）	21 000 000.00
2	（一）主营业务成本（3+5+6+7+8）	21 000 000.00
3	1. 销售商品成本	21 000 000.00
4	其中：非货币性资产交换成本	
5	2. 提供劳务成本	
6	3. 建造合同成本	
7	4. 让渡资产使用权成本	
8	5. 其他	
9	（二）其他业务成本（10+12+13+14+15）	
10	1. 销售材料成本	
11	其中：非货币性资产交换成本	
12	2. 出租固定资产成本	
13	3. 出租无形资产成本	
14	4. 包装物出租成本	
15	5. 其他	
16	二、营业外支出（17+18+19+20+21+22+23+24+25+26）	1 000 000.00
17	（一）非流动资产处置损失	
18	（二）非货币性资产交换损失	
19	（三）债务重组损失	
20	（四）非常损失	
21	（五）捐赠支出	300 000.00

续表

行次	项目	金额
22	（六）赞助支出	
23	（七）罚没支出	100 000.00
24	（八）坏账损失	
25	（九）无法收回的债券股权投资损失	
26	（十）其他	600 000.00

师傅要求：

① 填制时需要根据企业实际经营情况真实填写，不得虚报成本。

② 填报完成时必须仔细检查。

2. 期间费用明细表填写

师傅指导：计入职工薪酬的销售费用为表3-3-5销售部门员工工资与销售部门员工福利费之和114 000.00元，计入职工薪酬的管理费用为表3-3-7行政部门员工工资、福利费、工会经费、教育经费之和488 000.00元。21行利息收支为向金融机构借款与银行罚息之和277 800.00。其他项目按照对应项目填写即可。

A104000　期间费用明细表

行次	项目	销售费用	其中：境外支付	管理费用	其中：境外支付	财务费用	其中：境外支付
		1	2	3	4	5	6
1	一、职工薪酬	114 000.00	*	488 000.00	*	*	*
2	二、劳务费					*	*
3	三、咨询顾问费					*	*
4	四、业务招待费		*	300 000.00	*	*	*
5	五、广告费和业务宣传费	1 036 000.00	*		*	*	*
6	六、佣金和手续费					2 200.00	
7	七、资产折旧摊销费		*	150 000.00	*	*	*
8	八、财产损耗、盘亏及毁损损失		*		*	*	*
9	九、办公费		*		*	*	*
10	十、董事会费		*		*	*	*
11	十一、租赁费					*	*
12	十二、诉讼费		*		*	*	*

续表

行次	项目	销售费用	其中：境外支付	管理费用	其中：境外支付	财务费用	其中：境外支付
		1	2	3	4	5	6
13	十三、差旅费		*	142 500.00	*	*	*
14	十四、保险费		*	250 000.00	*	*	*
15	十五、运输、仓储费			19 500.00		*	*
16	十六、修理费					*	*
17	十七、包装费		*		*	*	*
18	十八、技术转让费					*	*
19	十九、研究费用			1 000 000.00		*	*
20	二十、各项税费		*		*	*	*
21	二十一、利息收支	*	*	*	*	277 800.00	
22	二十二、汇兑差额	*	*	*	*		
23	二十三、现金折扣	*	*	*	*		*
24	二十四、党组织工作经费	*	*		*	*	*
25	二十五、其他	50 000.00					
26	合计（1＋2＋3＋…25）	1 200 000.00		2 350 000.00		280 000.00	

师傅要求：

① 填制时需要根据企业实际经营情况真实填写，不得虚报费用。

② 填报完成时必须仔细检查。

【业务知识】

成本是指纳税人在生产经营活动中发生的销售成本、销货成本、业务支出以及其他耗费。

费用：是指纳税人在生产经营活动中发生的销售费用、管理费用和财务费用，不包括已计入成本的有关费用。只要企业销售费用、管理费用、财务费用金额不为 0 时，均需要填写“期间费用明细表”。

损失：是指纳税人生产经营过程中发生的固定资产和存货的盘亏、毁损、报废损失，转让财产损失，呆账损失，坏账损失，自然灾害等不可抗力因素造成的损失以及其他损失。企业发生的损失，减除责任人赔偿和保险赔款后的余额，按照国务院财政、税务主管部门的规定扣除。企业已经作为损失处理的资产，在以后纳税年度又全部收回或者部分收回时，应当计入当期收入。

【工作任务实施记录与评价】

表 1　学徒轮岗期间实习考核表

学校：__________班级：__________学徒姓名：__________日期：__________

<table>
<tr><td>实习任务</td><td colspan="5"></td></tr>
<tr><td rowspan="5">自我鉴定
（20 分）</td><td>职业素养（5）</td><td>□优</td><td>□良</td><td>□一般</td><td>□较差</td></tr>
<tr><td>工作态度（5）</td><td>□优</td><td>□良</td><td>□一般</td><td>□较差</td></tr>
<tr><td>出勤率（5）</td><td>□优</td><td>□良</td><td>□一般</td><td>□较差</td></tr>
<tr><td>专业技能（5）</td><td>□优</td><td>□良</td><td>□一般</td><td>□较差</td></tr>
<tr><td>得分</td><td colspan="4"></td></tr>
<tr><td>实习表现
（20 分）</td><td colspan="5">得分　　　企业带教师傅签名：　　　　　　日期：</td></tr>
<tr><td rowspan="5">专业技能
（60 分）</td><td>程序掌握（15）</td><td>□优</td><td>□良</td><td>□一般</td><td>□较差</td></tr>
<tr><td>成本费用确认（15）</td><td>□优</td><td>□良</td><td>□一般</td><td>□较差</td></tr>
<tr><td>熟练程度（15）</td><td>□优</td><td>□良</td><td>□一般</td><td>□较差</td></tr>
<tr><td>申报表填写（15）</td><td>□优</td><td>□良</td><td>□一般</td><td>□较差</td></tr>
<tr><td colspan="5">得分　　　企业带教师傅签名：　　　　　　日期：</td></tr>
<tr><td rowspan="2">综合得分</td><td>（1）得分</td><td colspan="4"></td></tr>
<tr><td>（2）实习等级</td><td colspan="4">□优　□良　□中等　□及格　□不及格</td></tr>
</table>

表 2　成本支出及费用确认

师傅指导记录	企业成本支出明细表及期间费用明细表评价
评价成绩：	年　月　日

表 3　学徒关键职业能力及职业品质、工匠精神评价表

项目	A	B	C	D
工作态度				
吃苦耐劳				
团队协作				
沟通交流				
学习钻研				
认真负责				
诚实守信				
企业带教师傅签名：		日期：		

任务三 职工薪酬确认

南通振兴有限公司王慧春准备申报2018年度企业所得税。请在师傅的带领下根据资料（表3-3-8）填报该企业2018年“职工薪酬支出及纳税调整明细表”（所有项目均已取得合法凭证）。

表3-3-8 工资、三项经费资料明细表

序号	项目明细	入账金额	备注
1	生产工人工资	2 500 000.00	
2	销售人员工资	100 000.00	
3	行政管理人员工资	400 000.00	
4	工资合计	3 000 000.00	实际工资260万
5	职工教育经费	75 000.00	发生5万
6	职工福利费	420 000.00	实际发生30万
7	职工工会经费	50 000.00	发生5万

【任务目标与质量要求】

1. 准确计算工资薪金、职工福利、职工教育经费、工会经费纳税调整额。
2. 按企业实际情况准确填写“职工薪酬支出及纳税调整明细表”

【学习产出目标】

准确快速计算工资薪金、职工福利、职工教育经费、工会经费纳税调整金额，能快速完成“职工薪酬支出及纳税调整明细表”。

【工作程序与方法要求】

步骤1 工资薪金纳税调整额计算

师傅指导：我们根据表3-3-8所载明的工资金额计入第1行第1列账载金额中，由于实际发生的工资薪金数额不相等，需要进行纳税调整工资薪金可扣除金额为实际发生额 260 万元，纳税调整金额：

3 000 000－2 600 000＝400 000 元

师傅提示：注意工资薪金“合理性”，是指按照相关机构指定薪金制度规定实际发放的数额。国有性质企业，工资薪金不得超过有关部门给予的限定数额，超过部分不得税前扣除。

步骤 2　职工福利费纳税调整额计算

师傅指导：我们根据表 3-3-8 所载明的职工福利费支出计入数额分别计入第 3 行第 1 列与 2 列中，根据规定企业发生的职工福利费支出，不超过工资薪金总额 14％的部分，准予扣除。我们将工资薪金总额的 14％与第 3 行的第 1 列与第 2 列数值相比较，取较小数额填报。纳税调整额为账载金额与税收金额差额。

徒弟操作：

① 可扣除限额：工资薪金×14％＝2 600 000×14％＝364 000（元）

② 比较大小：可扣限额 364 000 元＞实际发放及账面金额 300 000 元。按照实际数额扣除，所以准予扣除的职工福利费为 300 000 元。

③ 纳税调整金额＝账载金额－实际准予扣除额＝420 000－300 000＝120 000（元）

步骤 3　职工教育经费纳税调整额计算

师傅指导：我们根据表 3-3-8 所载明的职工教育经费支出计入数额分别计入第 5 行的第 1 列与第 2 列中，根据规定，企业发生的职工教育经费支出，不超过工资薪金总额 8％的部分，准予扣除。填报纳税人按照税收规定允许税前扣除的金额（不包括第 6 行“按税收规定全额扣除的职工培训费用”金额），按第 1 行第 5 列“工资薪金支出中税收金额”×8％与第 2＋4 列的孰小值填报。纳税调整额为账载金额与税收金额差额。“累计结转以后年度扣除额”：填报第 2＋4－5 列金额。

徒弟操作：

① 可扣除限额：工资薪金×8％＝2 600 000×8％＝208 000（元）

② 比较大小：可扣限额 208 000 元＞实际发放及账面金额 50 000 元。所以准予扣除的职工教育经费为 50 000 元。

③ 纳税调整金额为＝账载金额－实际准予扣除数＝75 000－50 000＝25 000（元）

④ 累计结转以后年度扣除额为 25 000 元（75 000－50 000）

师傅提示：注意如果职工教育经费超过扣除限额标准，可以在以后纳税年度结转扣除。

步骤 4　工会经费支出纳税调整额计算

师傅指导：我们根据表 3-3-8 所载明的职工工会经费支出计入数额分别计入第 7 行的第 1 列与第 2 列中，根据规定企业拨缴的工会经费支出，不超过工资薪金总额 2％的部分，准予扣除。填报按照税收规定允许税前扣除的金额，按第 1 行第 5 列“工资薪金支出中税收金额”×2％与第 1 列、第 2 列三者孰小值填报。

徒弟操作：

① 可扣除限额：工资薪金×2%=2 600 000×2%=52 000（元）

② 比较大小：可扣限额 52 000 元>实际发放及账面金额 50 000 元。所以准予扣除的职工工会经费为 50 000 元。

③ 纳税调整金额=账载金额-实际准予扣除数额=50 000-50 000=0（元）

步骤 5　职工薪酬支出及纳税调整明细表填写

师傅指导：我们按照前 4 个操作步骤计算内容依次填写职工薪酬支出及纳税调整明细表中数据。

A105050　职工薪酬支出及纳税调整明细表

行次	项目	账载金额	实际发生额	税收规定扣除率	以前年度累计结转扣除额	税收金额	纳税调整金额	累计结转以后年度扣除额
		1	2	3	4	5	6(1-5)	7(2+4-5)
1	一、工资薪金支出	3 000 000.00	2 600 000.00	*	*	2 600 000.00	400 000.00	*
2	其中：股权激励			*	*			*
3	二、职工福利费支出	420 000.00	300 000.00	14%	*	300 000.00	120 000.00	*
4	三、职工教育经费支出	75 000.00	50 000.00	*	0	50 000.00	25 000.00	25 000.00
5	其中：按税收规定比例扣除的职工教育经费	75 000.00	50 000.00	8%	0	50 000.00	25 000.00	25 000.00
6	按税收规定全额扣除的职工培训费用				*			*
7	四、工会经费支出	50 000.00	50 000.00	2%	*	50 000.00	0	*
8	五、各类基本社会保障性缴款			*	*			*
9	六、住房公积金			*	*			*
10	七、补充养老保险				*			*
11	八、补充医疗保险				*			*
12	九、其他			*	*			*
13	合计（1+3+4+7+8+9+10+11+12）	3 545 000.00	3 000 000.00	*	0	3 000 000.00	545 000.00	25 000.00

【业务知识】

（一）工资和薪金

企业发生的合理的工资薪金支出，准予扣除。

工资和薪金支出是纳税人每一纳税年度支付给在本企业任职或者受雇的员工的所有现金或非现金形式的劳动报酬，包括基本工资、奖金、津贴、补贴（包括地区津贴和物价补贴）、年终加薪、加班工资，以及与员工任职或者受雇有关的其他支出。

工资薪金总额是指企业按照合理工资薪金的有关规定实际发放的工资薪金总和，不包括企业的职工福利费、职工教育经费、工会经费以及养老保险费、医疗保险费、失业保险费、工伤保险费、生育保险费等社会保险费和住房公积金。属于国有性质的企业，其工资薪金不得超过政府有关部门给予的限定数额；超过部分不得计入企业工资薪金总额，也不得在计算企业应纳税所得额时扣除。

（二）职工福利费、工会经费和职工教育经费

(1) 企业发生的职工福利费支出，不超过工资薪金总额14%的部分，准予扣除。

(2) 企业发生的职工教育经费支出，不超过工资薪金总额8%的部分，准予扣除。超过部分，准予在以后纳税年度结转扣除。软件生产企业发生的职工教育经费中的职工培训费用，可以全额在企业所得税前扣除。

(3) 企业拨缴的工会经费支出，不超过工资薪金总额2%的部分，准予扣除。

（三）社会保险费

企业依照国家有关规定为职工缴纳的“五险一金”和“补充保险”，准予扣除。五险一金是指基本养老保险费、基本医疗保险费、失业保险费、工伤保险费、生育保险费等基本社会保险费和住房公积金，按照国务院有关主管部门和省级人民政府的规定范围和标准来扣除。

补充保险是指补充养老保险、补充医疗保险，按照国务院财政税务主管部门规定的范围和标准来扣除。自2008年1月1日起，企业为在本企业任职或者受雇的全体员工支付的补充养老保险费、补充医疗保险费，分别在不超过职工工资总额5%标准内的部分，准予在税前扣除，超过的部分不得扣除。

按国家规定为特殊工种职工支付的法定人身安全保险费，准予扣除。企业职工因公出差乘坐交通工具发生的人身意外保险费支出，准予企业在计算应纳税所得额时扣除。

企业为其投资者或雇员个人向商业保险机构投保的人寿保险、财产保险等商业保险，不得扣除。

【工作任务实施记录与评价】

表 1　学徒轮岗期间实习考核表

学校：__________班级：__________学徒姓名：__________日期：__________

实习任务		
自我鉴定（20 分）	职业素养（5）	□优　□良　□一般　□较差
	工作态度（5）	□优　□良　□一般　□较差
	出勤率（5）	□优　□良　□一般　□较差
	专业技能（5）	□优　□良　□一般　□较差
	得分	
实习表现（20 分）	得分　　企业带教师傅签名：　　日期：	
专业技能（60 分）	程序掌握（15）	□优　□良　□一般　□较差
	薪酬确认（15）	□优　□良　□一般　□较差
	熟练程度（15）	□优　□良　□一般　□较差
	申报表填写（15）	□优　□良　□一般　□较差
	得分　　企业带教师傅签名：　　日期：	
综合得分	（1）得分	
	（2）实习等级	□优　□良　□中等　□及格　□不及格

表 2　职工薪酬确认

师傅指导记录	职工薪酬明细表评价
评价成绩：	年　　月　　日

表 3　学徒关键职业能力及职业品质、工匠精神评价表

项目	A	B	C	D
工作态度				
吃苦耐劳				
团队协作				
沟通交流				
学习钻研				
认真负责				
诚实守信				
企业带教师傅签名：			日期：	

任务四　其他扣除项目纳税调整

南通振兴有限公司王慧春准备申报2018年度企业所得税。请在师傅的带领下根据资料（表3-3-9）填报该企业2018年“广告费和业务宣传费跨年度纳税调整明细表”和“捐赠支出及纳税调整明细表”。

表3-3-9　部分财务数据表

序号	项目明细	入账金额	序号	项目明细	入账金额
1	广告费	1 036 000.00	3	营业收入	30 000 000.00
2	利润总额	4 460 000.00	4	捐赠支出	300 000.00

注：捐赠支出为通过民政局向灾区捐款。

【任务目标与质量要求】

1. 准确计算广告费和业务宣传费纳税调整金额并填制“广告费和业务宣传费跨年度纳税调整明细表”

2. 准确计算允许扣除的捐赠支出金额并填制“捐赠支出及纳税调整明细表”。

【学习产出目标】

准确快速完成“广告费和业务宣传费跨年度纳税调整明细表”和“捐赠支出及纳税调整明细表”。

【工作程序与方法要求】

1. 广告费和业务宣传费跨年度纳税调整明细表填写

师傅指导：根据相关法律规定，企业发生的符合条件的广告费和业务宣传费支出，除国家另有规定外，不超过当年销售（营业）收入15%的部分，准予扣除。超过部分可以向以后纳税年度结转扣除。我们将已有数据填入调整明细表中，计算扣除限额（第6行数据），比较计算本年度准予抵扣的数额。

① 按已知数据填入对应表格，其中扣除限额（第6行数据）：营业收入×15%＝30 000 000×15%＝4 500 000（元）

② 比较大小：扣除限额4 500 000元＞广告费1 036 000元，准予扣除广告费和业务宣传费金额为1 036 000元。

③ 纳税调整额为0元。

A105060 广告费和业务宣传费跨年度纳税调整明细表

行次	项目	金额
1	一、本年广告费和业务宣传费支出	1 036 000.00
2	减：不允许扣除的广告费和业务宣传费支出	0
3	二、本年符合条件的广告费和业务宣传费支出（1-2）	1 036 000.00
4	三、本年计算广告费和业务宣传费扣除限额的销售（营业）收入	30 000 000.00
5	乘：税收规定扣除率	15%
6	四、本企业计算的广告费和业务宣传费扣除限额（4×5）	4 500 000.00
7	五、本年结转以后年度扣除额（3>6，本行=3－6；3≤6，本行=0）	0
8	加：以前年度累计结转扣除额	
9	减：本年扣除的以前年度结转额［3>6，本行=0；3≤6，本行=8与（6－3）孰小值］	
10	六、按照分摊协议归集至其他关联方的广告费和业务宣传费（10≤3与6孰小值）	
11	按照分摊协议从其他关联方归集至本企业的广告费和业务宣传费	
12	七、本年广告费和业务宣传费支出纳税调整金额（3>6，本行=2+3－6+10－11；3≤6，本行=2+10－11－9）	0
13	八、累计结转以后年度扣除额（7+8－9）	0

师傅提示：注意如果有以前年度累计结转扣除额，需要一并纳入扣除合计中。

2. 捐赠支出及纳税调整明细表填写

师傅指导：根据相关法律规定，我们以利润总额的12%与实际公益捐赠进行比较，在限额以内的可以直接扣除，超限额的在以后三个年度内可以扣除。直接捐赠行为不得扣除。

① 计算准予扣除的限额：会计利润×12%=4 460 000×12%=535 200（元）

② 实际准予扣除金额：由于本年度准予扣除限额535 200元>实际公益性捐赠300 000元，本年度实际发生的公益性捐赠可以全部扣除。公益性捐赠不存在纳税调整，也不存在可结转以后年度扣除的捐赠额。

A105070 捐赠支出及纳税调整明细表

行次	项目	账载金额	以前年度结转可扣除的捐赠额	按税收规定计算的扣除限额	税收金额	纳税调增金额	纳税调减金额	可结转以后年度扣除的捐赠额
		1	2	3	4	5	6	7
1	一、非公益性捐赠	0	*	*	*	0	*	*
2	二、全额扣除的公益性捐赠	0	*	*		*	*	*

续表

行次	项目	账载金额	以前年度结转可扣除的捐赠额	按税收规定计算的扣除限额	税收金额	纳税调增金额	纳税调减金额	可结转以后年度扣除的捐赠额
		1	2	3	4	5	6	7
3	三、限额扣除的公益性捐赠（4+5+6+7）	300 000.00	0	535 200.00	300 000.00	0	0	0
4	前三年度（　　年）	*		*	*	*		*
5	前二年度（　　年）	*		*	*	*		
6	前一年度（　　年）	*		*	*	*		
7	本　　年（　2018年）	300 000.00	*	535 200.00	300 000.00	0	*	0
8	合计（1+2+3）	300 000.00	0	535 200.00	300 000.00	0	0	0

师傅提示：注意区分直接捐赠不得扣除，公益性捐赠在限额之内可以扣除。

【业务知识】

（一）广告费与业务宣传费

企业发生的符合条件的广告费和业务宣传费支出，除国家另有规定外，不超过当年销售（营业）收入15%的部分，准予扣除。超过部分可以向以后纳税年度结转扣除。

（二）公益性捐赠支出

企业发生的公益性捐赠支出，在年度利润总额12%以内的部分，准予在计算应纳税所得额时扣除；超过年度利润总额12%的部分，准予结转以后三年内在计算应纳税所得额时扣除。

年度利润总额是指企业依照国家统一会计制度的规定计算的年度会计利润。

公益性捐赠是指企业通过公益性社会团体或者县级以上人民政府及部门，用于《公益事业捐赠法》规定的公益事业的捐赠，其具体包括以下几种情况。

（1）救助灾害、救济贫困、扶助残疾人等困难的社会群体和个人的活动。

（2）教育、科学、文化、卫生、体育事业。

（3）环境保护、社会公共设施建设。

（4）促进社会发展和进步的其他社会公共和福利事业。

【工作任务实施记录与评价】

表1　学徒轮岗期间实习考核表

学校：__________班级：__________学徒姓名：__________日期：__________

实习任务					
自我鉴定（20分）	职业素养（5）	□优	□良	□一般	□较差
	工作态度（5）	□优	□良	□一般	□较差
	出勤率（5）	□优	□良	□一般	□较差
	专业技能（5）	□优	□良	□一般	□较差
	得分				
实习表现（20分）	得分　　企业带教师傅签名：　　日期：				
专业技能（60分）	程序掌握（15）	□优	□良	□一般	□较差
	扣除项目确认（15）	□优	□良	□一般	□较差
	熟练程度（15）	□优	□良	□一般	□较差
	申报表填写（15）	□优	□良	□一般	□较差
	得分　　企业带教师傅签名：　　日期：				
综合得分	（1）得分				
	（2）实习等级	□优　□良　□中等　□及格　□不及格			

表2　扣除项目确认

师傅指导记录	扣除项目计算填写评价
评价成绩：	年　月　日

表3　学徒关键职业能力及职业品质、工匠精神评价表

项目	A	B	C	D
工作态度				
吃苦耐劳				
团队协作				
沟通交流				
学习钻研				
认真负责				
诚实守信				
企业带教师傅签名：			日期：	

任务五　纳税调整与企业所得税申报

南通振兴有限公司王慧春准备申报 2018 年度企业所得税。请在师傅的带领下根据资料（表 3-3-10 到表 3-3-12）填报该企业 2018 年“纳税调整项目明细表”和“所得税年度纳税申报表”。

表 3-3-10　部分财务数据

序号	项目	入账金额	备注
1	三新研发费	1 000 000.00	
2	向金融机构借款	270 000.00	向工行借款 450 万元，年利率 6%
3	业务招待费	300 000.00	
4	银行罚息	7 800.00	
5	税务局滞纳金	100 000.00	

表 3-3-11　税费资料明细表

序号	项目明细	入账金额	序号	项目明细	入账金额
1	增值税	330 000.00	6	城镇土地使用税	15 600.00
2	城建税	16 500.00	6	印花税	5 600.00
3	教育费附加	9 900.00	7	企业所得税（预缴）	1 028 200.00
4	房产税	32 400.00			

表 3-3-12　对外投资收益明细表

序号	投资项目	投资金额	收益金额	备注
1	投资甲公司股权	2 000 000.00	170 000.00	非上市公司分得利润
	合计		170 000.00	

【任务目标与质量要求】

1. 准确快速填制“纳税调整项目明细表”。
2. 准确快速填制“所得税年度纳税申报表”。

【学习产出目标】

准确快速完成“纳税调整项目明细表”和“所得税年度纳税申报表”。

【工作程序与方法要求】

1. 纳税调整项目明细表填写

师傅指导：我们根据前 4 个任务和已有数据依次填入纳税调整项目明细表汇总。

① 无收入调整项目，直接调整扣除类项目。第 14 行第 1 列职工薪酬账载金额根据“职工薪酬支出及调整明细表”A105050 第 13 行第 5 列金额 3 545 000 元填写。第 3 列“调增金额”填报表 A105050 第 13 行第 6 列金额 545 000 元。

② 第 15 行“业务招待费支出”：根据相关资料我们将业务招待费为 300 000 元填入账载金额。并计算准予扣除限额

准予扣除限额计算：实际发生额×60％＝300 000×60％＝180 000（元），

营业收入×5‰＝30 000 000×5‰＝150 000 元＜180 000 元，准予扣除限额为 150 000 元。

纳税调整额＝实际发生额－准予扣除额＝300 000－150 000＝150 000（元）

③ 第 16 行“（四）广告费和业务宣传费支出”：根据“广告费和业务宣传费跨年度纳税调整明细表”（A105060）填报。由于本年度广告费和业务宣传费支出在扣除限额之内，纳税调整为 0。

④ 第 17 行“（五）捐赠支出”：根据“捐赠支出及纳税调整明细表”（A105070）填报。第 1 列“账载金额”填报表 A105070 第 8 行第 1 列金额 300 000 元，在限额以内，纳税不调整。

⑤ 第 18 行“（六）利息支出”：按照实际不超过同期银行贷款利率的利息支出填写，本期为 270 000 元。

⑥ 第 19 行“（七）罚金、罚款和被没收财物的损失”按纳税人会计核算计入当期损益的罚金、罚款和被没收财物的损失，不包括纳税人按照经济合同规定支付的违约金（包括银行罚息）、罚款和诉讼费。本期没有此项。

⑦ 第 20 行“（八）税收滞纳金、加收利息”按纳税人会计核算计入当期损益的税收滞纳金，本期共计 100 000 元。由于此类支出不得在税前扣除，所以在第 3 列“调增金额”填报同等金额。

本期企业未发生其他列式项目，所以不用填写。

A105000　纳税调整项目明细表

行次	项目	账载金额	税收金额	调增金额	调减金额
		1	2	3	4
1	一、收入类调整项目（2＋3＋…8＋10＋11）	*	*		
2	（一）视同销售收入（填写 A105010）	*			*
3	（二）未按权责发生制原则确认的收入（填写 A105020）				
4	（三）投资收益（填写 A105030）				
5	（四）按权益法核算长期股权投资对初始投资成本调整确认收益	*	*	*	

续表

行次	项目	账载金额	税收金额	调增金额	调减金额
		1	2	3	4
6	（五）交易性金融资产初始投资调整	*	*		*
7	（六）公允价值变动净损益		*		
8	（七）不征税收入	*	*		
9	其中：专项用途财政性资金（填写A105040）	*	*		
10	（八）销售折扣、折让和退回				
11	（九）其他				
12	二、扣除类调整项目（13＋14＋…24＋26＋27＋28＋29＋30）	*	*	795 000.00	0
13	（一）视同销售成本（填写A105010）	*	0	*	0
14	（二）职工薪酬（填写A105050）	3 545 000.00	3 000 000.00	545 000.00	0
15	（三）业务招待费支出	300 000.00	150 000.00	150 000.00	*
16	（四）广告费和业务宣传费支出（填写A105060）	*	*	0	0
17	（五）捐赠支出（填写A105070）	300 000.00	300 000.00	0	0
18	（六）利息支出	270 000.00	270 000.00	0	
19	（七）罚金、罚款和被没收财物的损失		*		*
20	（八）税收滞纳金、加收利息	100 000.00	*	100 000.00	*
21	（九）赞助支出		*		*
22	（十）与未实现融资收益相关在当期确认的财务费用				
23	（十一）佣金和手续费支出				*
24	（十二）不征税收入用于支出所形成的费用	*	*		*
25	其中：专项用途财政性资金用于支出所形成的费用（填写A105040）	*	*		*
26	（十三）跨期扣除项目				
27	（十四）与取得收入无关的支出		*		*
28	（十五）境外所得分摊的共同支出	*	*		*
29	（十六）党组织工作经费				
30	（十七）其他				
31	三、资产类调整项目（32＋33＋34＋35）	*	*		
32	（一）资产折旧、摊销（填写A105080）				
33	（二）资产减值准备金		*		
34	（三）资产损失（填写A105090）				

续表

行次	项目	账载金额	税收金额	调增金额	调减金额
		1	2	3	4
35	（四）其他				
36	四、特殊事项调整项目（37＋38＋…＋42）	*	*		
37	（一）企业重组及递延纳税事项（填写A105100）				
38	（二）政策性搬迁（填写 A105110）	*	*		
39	（三）特殊行业准备金（填写 A105120）				
40	（四）房地产开发企业特定业务计算的纳税调整额（填写 A105010）	*			
41	（五）合伙企业法人合伙人应分得的应纳税所得额				
42	（六）其他	*	*		
43	五、特别纳税调整应税所得	*	*		
44	六、其他	*	*		
45	合计（1＋12＋31＋36＋43＋44）	*	*	795 000.00	0

2. 企业所得税年度纳税申报表填写

师傅指导：我们根据前 4 个子任务完成明细表并填写企业所得税年度纳税申报表。

步骤 1　利润总额计算

① 各数字取自项目分别在项目括号后表示。如：一行“一、营业收入（填写 A101010）”我们对照 A101010 即“一般企业收入明细表”找到对应数值填入即可。

② 3 行“税金及附加”取自表 3-3-11 除增值税与企业所得税预缴数额之外的税费合计。

③ 9 行“投资收益”取自表 3-3-12 企业本期投资收益数额。

④ 根据公式：营业利润＝营业收入－营业成本－税金及附加－销售费用－管理费用－财务费用－资产减值损失＋公允价值变动收益＋投资收益

＝30 000 000－21 000 000－80 000－1 200 000－2 350 000－280 000－0＋0＋170 000＝5 260 000（元）

⑤ 根据公式：利润总额＝营业利润＋营业外收入－营业外支出

＝5 260 000＋200 000－1 000 000＝4 460 000（元）

步骤 2　应纳税所得额计算

第 17 行“减：免税、减计收入及加计扣除”，由于表 3-3-12 投资收益为免税收入，此外根据相关法规三新研发费可以加计扣除 50%，所以此项填写数额为 670 000 元（170 000＋1 000 000×50%＝670 000）。

应纳税所得额＝利润总额＋纳税调整增加额－纳税调整减少额－免税、减计收入

及加计扣除－弥补以前年度亏损＝4 460 000＋795 000－670 000＝4 585 000（元）

步骤 3　应纳税额计算

应纳所得税额＝应纳税所得额×25％＝4 585 000×25％＝1 146 250（元）

根据表 3-3-11 企业所得税已经预缴 1 028 200（元）

实际缴纳所得税额＝1 146 250－1 028 200＝118 050（元）

A100000　中华人民共和国企业所得税年度纳税申报表（A 类）

行次	类别	项目	金额
1	利润总额计算	一、营业收入（填写 A101010）	30 000 000.00
2		减：营业成本（填写 A102010）	21 000 000.00
3		减：税金及附加	80 000.00
4		减：销售费用（填写 A104000）	1 200 000.00
5		减：管理费用（填写 A104000）	2 350 000.00
6		减：财务费用（填写 A104000）	280 000.00
7		减：资产减值损失	0.00
8		加：公允价值变动收益	0.00
9		加：投资收益	170 000.00
10		二、营业利润（1－2－3－4－5－6－7＋8＋9）	5 260 000.00
11		加：营业外收入（填写 A101010）	200 000.00
12		减：营业外支出（填写 A102010）	1 000 000.00
13		三、利润总额（10＋11－12）	4 460 000.00
14	应纳税所得额计算	减：境外所得（填写 A108010）	
15		加：纳税调整增加额（填写 A105000）	795 000.00
16		减：纳税调整减少额（填写 A105000）	0.00
17		减：免税、减计收入及加计扣除	670 000.00
18		加：境外应税所得抵减境内亏损（填写 A108000）	
19		四、纳税调整后所得（13－14＋15－16－17＋18）	4 585 000.00
20		减：所得减免（填写 A107020）	
21		减：弥补以前年度亏损（填写 A106000）	
22		减：抵扣应纳税所得额（填写 A107030）	
23		五、应纳税所得额（19－20－21－22）	4 585 000.00
24	应纳税额计算	税率（25％）	
25		六、应纳所得税额（23×24）	1 146 250.00
26		减：减免所得税额（填写 A107040）	
27		减：抵免所得税额（填写 A107050）	
28		七、应纳税额（25－26－27）	1 146.250.00
29		加：境外所得应纳所得税额（填写 A108000）	

续表

行次	类别	项目	金额
30	应纳税额计算	减：境外所得抵免所得税额（填写 A108000）	
31		八、实际应纳所得税额（28＋29－30）	1 146 250.00
32		减：本年累计实际已缴纳的所得税额	1 028 200.00
33		九、本年应补（退）所得税额（31－32）	118 050.00
34		其中：总机构分摊本年应补（退）所得税额（填写 A109000）	
35		财政集中分配本年应补（退）所得税额（填写 A109000）	
36		总机构主体生产经营部门分摊本年应补（退）所得税额（填写 A109000）	

【业务知识】

（一） 业务招待费

企业发生的与经营活动有关的业务招待费支出，按照实际发生额的60％扣除，但最高不得超过当年销售（营业）收入的5‰。

销售（营业）收入应包括企业发生非货币性资产交换，以及将货物、财产、劳务用于捐赠、偿债等视同销售的收入。即会计核算中的“主营业务收入”和“其他业务收入”。

（二） 借款利息

企业在生产经营活动中发生的合理的不需要资本化的借款费用，准予扣除。

（1）企业在生产经营活动中发生的下列利息支出，准予扣除。

一是非金融企业向金融企业借款的利息支出、金融企业的各项存款利息支出和同业拆借利息支出、企业经批准发行债券的利息支出。

二是非金融企业向非金融企业借款的利息支出，不超过按照金融企业同期同类贷款利率计算的数额的部分。

（2）凡企业投资者在规定期限内未缴足其应缴资本额的，该企业对外借款所发生的利息，相当于投资者实缴资本与应缴资本额的差额应计付的利息，其不属于企业合理的支出，应由企业投资者负担，不得在计算企业应纳税所得额时扣除。如李某应出资100万元投资于甲公司，实际出资60万元，甲公司发生借款200万元，同期银行贷款利率为6％，则税前可扣除的利息为：［200－(100－60)］×6％＝9.6（万元）。

（3）企业向股东或其他与企业有关联关系的自然人借款的利息支出，应按法律规定计算企业所得税扣除额。

（4）企业向股东或其他与企业有关联关系的自然人以外的内部职工或其他自然人借款的利息支出，同时符合以下条件的，利息支出不超过金融企业同期同类贷款利率的，准予扣除。①企业与个人之间的借贷是真实、合法、有效的，并且不具有非法仿效目的或其他违反法律法规的行为；②企业与个人之间签订了借款合同。

（5）企业为购置、建造和生产固定资产、无形资产和经过 12 个月以上的建造才能达到预定可销售状态的存货发生借款的，在有关资产购建期间发生的合理的借款费用，应当作为资本性支出计入有关资产的成本。

（三）加计扣除

企业的下列支出，可以在计算应纳税所得额时加计扣除。

（1）开发新技术、新产品、新工艺发生的研究开发费用

企业为开发新技术、新产品、新工艺发生的研究开发费用，未形成无形资产计入当期损益的，在按规定据实扣除的基础上，按照研究开发费用的 50%加计扣除；形成无形资产的，按无形资产成本的 150%进行摊销。

（2）安置残疾人员及国家鼓励安置的其他就业人员所支付的工资

企业安排的残疾职工，按实际支付给残疾职工工资的 100%加计扣除。

残疾人员的范围包括：视力残疾、听力残疾、言语残疾、肢体残疾、智力残疾、精神残疾、多重残疾和其他残疾的人。

企业安置国家鼓励安置的其他就业人员所支付的工资的加计扣除办法，由国务院另行规定。

【工作任务实施记录与评价】

表 1　学徒轮岗期间实习考核表

学校：__________班级：__________学徒姓名：__________日期：__________

实习任务		
自我鉴定（20 分）	职业素养（5）	□优　□良　□一般　□较差
	工作态度（5）	□优　□良　□一般　□较差
	出勤率（5）	□优　□良　□一般　□较差
	专业技能（5）	□优　□良　□一般　□较差
	得分	
实习表现（20 分）	得分　企业带教师傅签名：　日期：	

续表

专业技能（60 分）	程序掌握（15）	□优 □良 □一般 □较差
	税金计算（15）	□优 □良 □一般 □较差
	熟练程度（15）	□优 □良 □一般 □较差
	申报表填写（15）	□优 □良 □一般 □较差
	得分 企业带教师傅签名： 日期：	
综合得分	（1）得分	
	（2）实习等级	□优 □良 □中等 □及格 □不及格

表 2 纳税调整与申报

师傅指导记录	纳税调整与所得税申报表填写评价
评价成绩：	年 月 日

表 3 学徒关键职业能力及职业品质、工匠精神评价表

项目	A	B	C	D
工作态度				
吃苦耐劳				
团队协作				
沟通交流				
学习钻研				
认真负责				
诚实守信				
企业带教师傅签名：			日期：	

项目四　个人所得税核算与纳税申报

任务一　个人所得税核算

在师傅指导带领下，熟知个人所得税的基本规定和计算方法，计算发放工资应预缴的个人所得税，根据涉税业务编制会计分录。

【任务目标与质量要求】

熟知个人所得税的基本规定和计算方法，能正确计算职工工资的个人所得税，根据涉税业务编制其核算的会计分录。

【学习产出目标】

能正确识别个人所得税的征税范围；能正确计算代扣代缴的个人所得税；能正确填写扣缴个人所得税报告表。

子任务 1　工资的个人所得税核算

以下为南通振兴有限公司 2019 年 1 月发生的税务会计岗位个人所得税操作的业务。

向销售部门职工发放 1 月份工资，具体见工资发放表 3-4-1 和扣除明细表 3-4-2。在师傅指导带领下，根据工资发放表 3-4-1 和扣除明细表 3-4-2 正确核算代扣代缴的个人所得税。

表 3-4-1　2019 年 1 月工资发放表　　单位：元

编号	姓名	基本工资	交通补助	电话补助	应发工资	扣除合计	实发工资	部门
1	周阳	18 200		200	18 400	4 458	14 673.74	销售部
2	何明	17 500	400		17 900	4 325	14 317.75	销售部
3	陈小丽	20 000	600	250	20 850	4 900	16 721.5	销售部
4	王晶晶	17 800	300		18 100	4 382	14 456.46	销售部
5	杨柳	7 500		100	7 600	1 425	6 139.75	销售部
6	吴江	7 200		100	7 300	1 368	5 904.04	销售部
7	许多多	18 500	400		18 900	4 515	15 103.45	销售部
8	赵星星	8 700	300	100	9 100	1 653	7 373.59	销售部
9	陈欢	9 000	400		9 400	1 710	7 609.3	销售部
10	李美丽	19 400		200	19 600	4 686	15 616.58	销售部

表 3-4-2　2019 年 1 月工资税前扣除明细　　单位：元

编号	姓名	基本养老金	基本医疗	失业保险	住房公积金	附加扣除	扣除合计
1	周阳	1 456	364	182	1 456	1 000	4 458
2	何明	1 400	350	175	1 400	1 000	4 325
3	陈小丽	1 600	400	200	1 600	1 100	4 900
4	王晶晶	1 424	356	178	1 424	1 000	4 382
5	杨柳	600	150	75	600		1 425
6	吴江	576	144	72	576		1 368
7	许多多	1 480	370	185	1 480	1 000	4 515
8	赵星星	696	174	87	696		1 653
9	陈欢	720	180	90	720		1 710
10	李美丽	1 552	388	194	1 552	1 000	4 686

【任务目标与质量要求】

熟知个人所得税的基本规定和工资薪金个人所得税的计算方法。

【学习产出目标】

能正确计算工资薪金预扣预缴的个人所得税。

【工作程序与方法要求】

步骤 1　识别专项扣除和附加扣除

师傅指导：本公司的基本养老保险、基本医疗保险、失业保险和住房公积金分别按照基本工资的 8%，2%，1%，8%计算；附加扣除由职工个人按照个人所得税专项附加信息采集表自行申报。扣除明细表中的扣除合计是专项扣除与专项附加扣除之和，不包括个人所得税。

师傅要求：能正确计算专项扣除与专项附加扣除。

【专业知识】

专项扣除，包括居民个人按照国家规定的范围和标准缴纳的基本养老保险、基本医疗保险、失业保险和住房公积金；专项附加扣除，包括子女教育、继续教育、大病医疗、住房贷款利息或者住房租金、赡养老人等支出。

《个人所得税专项附加扣除暂行办法》对专项附加扣除标准规定如下：

（一）子女教育

纳税人的子女接受学前教育和全日制学历教育的相关支出，按照每个子女每月

1 000 元的标准定额扣除。

父母可以选择由其中一方按扣除标准的 100%扣除，也可以选择由双方分别按扣除标准的 50%扣除，具体扣除方式在一个纳税年度内不能变更。

（二） 继续教育

纳税人在中国境内接受学历（学位）继续教育的支出，在学历（学位）教育期间按照每月 400 元定额扣除。同一学历（学位）继续教育的扣除期限不能超过 48 个月。纳税人接受技能人员职业资格继续教育、专业技术人员职业资格继续教育的支出，在取得相关证书的当年，按照 3 600 元定额扣除。

（三） 大病医疗

在一个纳税年度内，纳税人发生的与基本医保相关的医药费用支出，扣除医保报销后个人负担（指医保目录范围内的自付部分）累计超过 15 000 元的部分，由纳税人在办理年度汇算清缴时，在 80 000 元限额内据实扣除。

纳税人发生的医药费用支出可以选择由本人或者其配偶扣除；未成年子女发生的医药费用支出可以选择由其父母一方扣除。

（四） 住房贷款利息

纳税人本人或者配偶单独或者共同使用商业银行或者住房公积金个人住房贷款为本人或者其配偶购买中国境内住房，发生的首套住房贷款利息支出，在实际发生贷款利息的年度，按照每月 1 000 元的标准定额扣除，扣除期限最长不超过 240 个月。纳税人只能享受一次首套住房贷款的利息扣除。

夫妻双方婚前分别购买住房发生的首套住房贷款，其贷款利息支出，婚后可以选择其中一套购买的住房，由购买方按扣除标准的 100%扣除，也可以由夫妻双方对各自购买的住房分别按扣除标准的 50%扣除，具体扣除方式在一个纳税年度内不能变更。

（五） 住房租金

纳税人在主要工作城市没有自有住房而发生的住房租金支出，可以按照以下标准定额扣除：

(1) 直辖市、省会（首府）城市、计划单列市以及国务院确定的其他城市，扣除标准为每月 1 500 元；

(2) 除第一项所列城市以外，市辖区户籍人口超过 100 万的城市，扣除标准为每月 1 100 元；市辖区户籍人口不超过 100 万的城市，扣除标准为每月 800 元。

纳税人的配偶在纳税人的主要工作城市有自有住房的，视同纳税人在主要工作城市有自有住房。夫妻双方主要工作城市相同的，只能由一方扣除住房租金支出。

纳税人及其配偶在一个纳税年度内不能同时分别享受住房贷款利息和住房租金专项附加扣除。

（六） 赡养老人

纳税人赡养一位及以上被赡养人的赡养支出，统一按照以下标准定额扣除：

（1）纳税人为独生子女的，按照每月2 000元的标准定额扣除；

（2）纳税人为非独生子女的，由其与兄弟姐妹分摊每月2 000元的扣除额度，每人分摊的额度不能超过每月1 000元。可以由赡养人均摊或者约定分摊，也可以由被赡养人指定分摊。约定或者指定分摊的须签订书面分摊协议，指定分摊优先于约定分摊。具体分摊方式和额度在一个纳税年度内不能变更。

被赡养人是指年满60岁的父母，以及子女均已去世的年满60岁的祖父母、外祖父母。

专项附加扣除相关信息如下表：

专项附加扣除个人基本信息

*扣除年度	2019	*纳税人姓名	
*纳税人身份证件类型		*纳税人身份证件号码	
*手机号码		纳税人识别号	
联系地址		电子邮箱	
扣缴义务人名称（支付工资薪金的单位）		扣缴义务人纳税人识别号（统一社会信用代码）	
*配偶情况		配偶姓名	
配偶身份证件类型		配偶身份证件号码	
本人承诺：我已仔细阅读填写说明，并根据《中华人民共和国个人所得税法》及其实施条例、《个人所得税专项附加扣除暂行办法》《个人所得税专项附加扣除操作办法（试行）》等相关法律法规规定填写。本人已就所填扣除信息进行了核实，并对所填内容的真实性、准确性、完整性负责。 纳税人签字：　　年　　月　　日			

专项附加扣除信息采集表——子女教育支出

政策适用条件：

1. 有子女符合以下两个条件之一：（1）扣除年度有子女满3岁且处于小学入学前阶段；（2）扣除年度有子女正接受全日制学历教育。

2. 同一子女的父亲和母亲扣除比例合计不超过100%。

不符合上述条件者请勿填写本页，否则可能导致政策适用错误。影响个人纳税信用甚至违反税收法律。

序号	*关系	*子女姓名	*身份证件类型	*身份证件号码	*出生日期	*国籍（地区）	*当前受教育阶段	*当前受教育阶段起始时间	当前受教育阶段结束时间	教育终止时间	*当前就读国家（地区）	*当前就读学校	*本人扣除比例
1													
2													
3													
4													

专项附加扣除信息采集表——住房租金支出

政策适用条件：

1. 本人及配偶在主要工作城市无自有住房；
2. 本人及配偶扣除年度未扣除住房贷款利息支出；
3. 本人及配偶主要工作城市相同的，该扣除年度配偶未享受过住房租金支出扣除。

不符合上述条件者请勿填写本页，否则可能导致政策适用错误，影响个人纳税信用甚至违反税收法律。

已填写住房贷款利息支出信息的请勿填写本页，否则可能导致信息导入失败，无法享受政策。

序号	*主要工作省份	*主要工作城市	出租方信息				*住房坐落地址	租赁信息		
			*类型	出租方姓名（组织名称）	出租方证件类型	身份证件号码（统一社会信用代码）		住房租赁合同编号	*租赁期起	*租赁期止
1										
2										
3										

专项附加扣除信息采集表——住房贷款利息支出

政策适用条件：

1. 本人或者配偶购买的中国境内住房；
2. 属于首套住房贷款（可咨询贷款银行），且扣除年度仍在还贷；
3. 住房租金支出和住房贷款利息支出未同时扣除；

不符合上述条件者请勿填写本页，否则可能导致政策适用错误，影响个人纳税信用甚至违反税收法律。

已填写住房租金支出信息的请勿填写本页，否则可能导致信息导入失败，无法享受政策。

*房屋坐落地址							
*本人是否借款人		*房屋证书类型		*房屋证书号码		是否婚前各自首套贷款，且婚后分别扣除50%	
序号	*贷款类型		贷款银行	*贷款合同编号	*首次还款日期		*贷款期限（月数）
1							
2							

专项附加扣除信息采集表——赡养老人支出

政策适用条件：

1. 扣除年度有一位被赡养人年满60（含）岁（被赡养人包括：①父母；②子女均已去世的祖父母或外祖父母）。
2. 纳税人为非独生子女，且属于赡养人约定分摊的或被赡养人指定分摊的，需已经签订书面分摊协议。

不符号上述条件者请勿填写本页，否则可能导致政策适用错误，影响个人纳税信用甚至违反税收法律。

*是否独生子女			分摊方式		*本年度月扣除金额	
被赡养人信息						
序号	*姓名	*身份证件类型	*身份证件号码	*国籍（地区）	*关系	*出生日期
1						
2						

续表

被同赡养人信息						
序号	姓名	身份证件类型	身份证件号码	国籍（地区）	——	——
1					——	——

专项附加扣除信息采集表——继续教育支出

学历（学位）继续教育政策适用条件： 1. 扣除年度内在中国境内接受学历（学位）继续教育。 职业资格继续教育政策适用条件： 1. 扣除年度取得职业资格或者专业技术人员职业资格相关证书。 不符合上述条件者请勿填写本页，否则可能导致政策适用错误，影响个人纳税信用甚至违反税收法律。					
学历（学位）继续教育					
序号	*当前继续教育起始时间	*（预计）当前继续教育结束时间	*教育阶段	——	——
1				——	——
2				——	——
3				——	——
4				——	——
职业资格继续教育					
序号	*继续教育类型	*发证（批准）日期	*证书名称	*证书编号	*发证机关
1					

步骤 2　计算工资薪金预扣预缴税额

师傅指导：先要熟知新个人所得税法中关于应纳税所得额计算的规定。扣缴义务人向居民个人支付工资、薪金所得时，应当按照累计预扣法计算预扣税款，并按月办理全员全额扣缴申报。

下面以工资表中陈小丽发放的工资为例：

第一步：累计预扣预缴应纳税所得额＝累计收入－累计免税收入－累计减除费用－累计专项扣除－累计专项附加扣除－累计依法确定的其他扣除＝20 850－0－5 000－3 800－1 100－0＝10 950（元）。

第二步：对照国家税务总局公告 2018 年第 56 号附件二“个人所得税预扣率表一”，当月预扣率为 3%，速算扣除数为 0。

第三步：本期应预扣预缴税额＝（累计预扣预缴应纳税所得额×预扣率－速算扣除

数)－累计减免税额－累计已预扣预缴税额＝(10 950×3％－0)－0－0＝328.5 (元)。

如果 2 月份发放工资和 1 月份完全相同，仍以陈小丽为例：2019 年 2 月应预扣预缴个人所得税按以下步骤计算：

第一步：累计预扣预缴应纳税所得额＝累计收入－累计免税收入－累计减除费用－累计专项扣除－累计专项附加扣除－累计依法确定的其他扣除＝20 850×2－0－5 000×2－3 800×2－1 100×2－0＝21 900 (元)。

第二步：对照国家税务总局公告 2018 年第 56 号附件二“个人所得税预扣率表一”，当月预扣率为 3％，速算扣除数为 0。

第三步：本期应预扣预缴税额＝(累计预扣预缴应纳税所得额×预扣率－速算扣除数)－累计减免税额－累计已预扣预缴税额＝(21 900×3％－0)－0－328.5＝328.5 (元)。注：其中的 328.5 元为 1 月已预扣预缴税额。

师傅要求：能熟练、正确计算职工工资预扣预缴个人所得税。

【业务知识】

应纳税所得额的计算

居民个人的综合所得，以每一纳税年度的收入额减除费用 60 000 元以及专项扣除、专项附加扣除和依法确定的其他扣除后的余额，为应纳税所得额。

综合所得指个人取得的工资、薪金所得，劳务报酬所得，稿酬所得和特许权使用费所得。

非居民个人的工资、薪金所得，以每月收入额减除费用 5 000 元后的余额为应纳税所得额；劳务报酬所得、稿酬所得、特许权使用费所得，以每次收入额为应纳税所得额。

经营所得，以每一纳税年度的收入总额减除成本、费用以及损失后的余额，为应纳税所得额。

财产租赁所得，每次收入不超过 4 000 元的，减除费用 800 元；4 000 元以上的，减除 20％的费用，其余额为应纳税所得额。

财产转让所得，以转让财产的收入额减除财产原值和合理费用后的余额，为应纳税所得额。

利息、股息、红利所得和偶然所得，以每次收入额为应纳税所得额。

劳务报酬所得、稿酬所得、特许权使用费所得以每次收入减除费用后的余额为收入额。每次收入不超过 4 000 元的，减除费用 800 元；每次收入在 4 000 元以上的，减除费用按 20％计算。稿酬所得的收入额减按 70％计算。

个人所得税预扣率表一

（居民个人工资、薪金所得预扣预缴适用）

级数	累计预扣预缴应纳税所得额	预扣率（%）	速算扣除数
1	不超过 36 000 元的部分	3	0
2	超过 36 000 元至 144 000 元的部分	10	2 520
3	超过 144 000 元至 300 000 元的部分	20	16 920
4	超过 300 000 元至 420 000 元的部分	25	31 920
5	超过 420 000 元至 660 000 元的部分	30	52 920
6	超过 660 000 元至 960 000 元的部分	35	85 920
7	超过 960 000 元的部分	45	181 920

个人所得税预扣率表二

（居民个人劳务报酬所得预扣预缴适用）

级数	预扣预缴应纳税所得额	预扣率（%）	速算扣除数
1	不超过 20 000 元的	20	0
2	超过 20 000 元至 50 000 元的部分	30	2 000
3	超过 50 000 元的部分	40	7 000

资料来源：《中华人民共和国个人所得税法》（修订）

子任务 2　劳务报酬个人所得税核算

1 月 15 日向设计人李月支付广告设计费 20 000 元。在师傅指导带领下，正确核算劳务报酬预扣预缴的个人所得税。

【任务目标与质量要求】

熟知劳务报酬所得的基本规定和个人所得税计算方法。

【学习产出目标】

能正确计算劳务报酬所得预扣预缴的个人所得税。

【工作程序与方法要求】

师傅指导：先要熟知劳务报酬所得预扣预缴税额的具体规定，然后依据新规定分步计算。

本公司7月份应当预扣预缴李月的个税计算步骤如下：

第一步：劳务报酬收入额＝收入－费用＝20 000－20 000×20％＝16 000（元）。

第二步：预扣预缴应纳税所得额＝劳务报酬收入额＝16 000（元）。

第三步：对照“个人所得税预扣率表二”，当月预扣率为20％，速算扣除数为0。

第四步：应预扣预缴税额＝预扣预缴应纳税所得额×预扣率－速算扣除数＝16 000×20％－0＝3200（元）。

师傅要求：能熟练、正确计算劳务报酬预扣预缴税额。

注意事项：

① 扣缴义务人每月或者每次预扣、代扣的税款，应当在次月十五日内缴入国库，并向税务机关报送“个人所得税扣缴申报表”。

② 居民个人办理年度综合所得汇算清缴时，应当依法计算劳务报酬所得、稿酬所得、特许权使用费所得的收入额，并入年度综合所得计算应纳税款，税款多退少补。

【业务知识】

根据国税［2018］56号文件规定，居民个人的劳务报酬所得、稿酬所得、特许权使用费所得以收入减除20％的费用后的余额为收入额，即应纳税所得额。

居民个人劳务报酬个人所得税计算公式如下：

应纳税所得额＝劳务报酬所得＝收入额＝收入－费用；

应预扣预缴税额＝应纳税所得额×预扣率－速算扣除数

其中：

① 收入为不含税收入。

② 费用，每次收入不超过4 000元的，费用按800元计算；每次收入4 000元以上的，费用按20％计算。

③ 劳务报酬所得适用20％至40％的超额累进预扣率。

子任务3　偶然所得个人所得税核算

1月18日因有奖销售支付赵奇奖金3 000元。在师傅指导带领下，正确核算偶然所得代扣代缴的个人所得税。

【任务目标与质量要求】

熟知偶然所得的基本规定和偶然所得个人所得税计算方法。

【学习产出目标】

能正确计算偶然所得的个人所得税。

【工作程序与方法要求】

师傅指导：一定要熟知不同收入来源的个人所得税的相关规定。

第一步：先确定偶然所得的应纳税所得额。利息、股息、红利所得和偶然所得，以每次收入额为应纳税所得额。

第二步：计算偶然所得代扣代缴税额。公司代扣代缴税额＝3 000×20%＝600（元）。

师傅要求：能熟练、正确计算偶然所得代扣代缴税额。

子任务4　特许权使用费所得个人所得税核算

1月22日支付冯小龙某项专利权使用许可费40 000元。在师傅指导带领下，正确核算特许权使用费所得代扣代缴的个人所得税。

【任务目标与质量要求】

熟知特许权使用费所得的基本规定和特许权使用费所得代扣代缴个人所得税的计算方法。

【学习产出目标】

能正确计算特许权使用费所得预扣预缴的个人所得税。

【工作程序与方法要求】

师傅指导：一定要熟知不同收入来源的个人所得税的相关规定。

第一步：先确定特许权使用费应纳税所得额

特许权使用费应纳税所得额＝40 000×(1－20％)＝32 000（元）

第二步：计算公司预扣预缴税额

公司预扣预缴税额＝预扣预缴应纳税所得额×20％

＝32 000×20％＝6 400（元）

师傅要求：能熟练、正确计算特许权使用费预扣预缴税额。

【业务知识】

根据新《个人所得税法》规定，扣缴义务人向居民个人支付特许权使用费所得，按次或者按月预扣预缴个人所得税。

特许权使用费所得以收入减除费用后的余额为收入额。

其中，减除费用按以下标准：

每次收入不超过 4 000 元的，减除费用按 800 元计算；

每次收入 4 000 元以上的，减除费用按 20％计算。

特许权使用费所得适用 20％的比例预扣率。

特许权使用费所得应纳税所得额以每次收入额为预扣预缴应纳税所得额。

因此，具体预扣预缴方法如下：

特许权使用费所得应预扣预缴税额＝预扣预缴应纳税所得额×20％

【工作任务实施记录与评价】

表 1　学徒轮岗期间实习考核表

学校：__________　班级：__________　学徒姓名：__________　日期：__________

实习任务					
自我鉴定（20 分）	职业素养（5）	□优	□良	□一般	□较差
	工作态度（5）	□优	□良	□一般	□较差
	出勤率（5）	□优	□良	□一般	□较差
	专业技能（5）	□优	□良	□一般	□较差
	得分				
实习表现（20 分）	得分：　企业带教师傅签名：　日期：				

续表

专业技能（60分）	程序掌握（15）	□优	□良	□一般	□较差
	税金计算（15）	□优	□良	□一般	□较差（填写　张）
	熟练程度（15）	□优	□良	□一般	□较差
	分录录入（15）	□优	□良	□一般	□较差
	得分：　　　企业带教师傅签名：　　　　日期：				
综合得分	（1）得分				
	（2）实习等级	□优　□良　□中等　□及格　□不及格			

表2　个人所得税的计算

师傅指导记录	个人所得税的计算评价
评价成绩：	年　　月　　日

表3　学徒关键职业能力及职业品质、工匠精神评价表

项目	A	B	C	D
工作态度				
吃苦耐劳				
团队协作				
沟通交流				
学习钻研				
认真负责				
诚实守信				
企业带教师傅签名：		日期：		

【事实说法】

演艺明星理应是依法纳税模范

在依法治国的背景下，一些演艺界人士若是通过“阴阳合同”逃税，显然不会获得舆论支持，而且，也会损害社会公平。

于法于理而言，“阴阳合同”都是不该存在的现象。因为“阴阳合同”现象关涉法律权威、尊严，不容触犯。若此次曝光的6 000万元片酬“阴阳合同”为真，如果只有签订“阳合同”的1 000万元缴税，而剩余5 000万元签订“阴合同”的却未缴税，那么，按照《个人所得税法》相关规定，这位女明星应补缴税款1 600万元。这仅是一部片酬所逃税款，数额已是如此巨大，若这是业内普遍现象，一年逃掉多少税款？

多年前，女明星刘晓庆因为逃税而获刑，彼时的民众纳税意识较为淡薄。如今，“依法纳税是每个公民应尽的义务”理念已经深入民众内心。

依法纳税，演艺明星也不能例外。因为，依法行事是演艺明星能够得到各界认可的前提，也是他们能够在自身演艺事业中熠熠生辉的根基。而就演艺明星在社会上的影响力而言，他们理应为依法纳税起到模范带头作用，而不能因为报酬更高，有更多“门路”而想方设法逃税。

费尽心机逃税，终将伤害演艺圈乃至相关演艺明星自身的声誉。

资料来源：http://www.bjnews.com.cn/opinion/2018/06/04/489596.html

任务二　填报个人所得税扣缴申报表

根据任务一中的工资发放表和扣除明细表，在师傅指导带领下，正确填报扣缴个人所得税报告表。

【任务目标与质量要求】

熟知个人所得税扣缴申报表的结构和各列之间的关系，正确核算工资的个人所得税。

【学习产出目标】

能熟练核算正确填报个人所得税扣缴申报表。

【工作程序与方法要求】

第一步：根据企业基本信息填写个人所得税扣缴申报表中表头信息，如表3-4-3所示。在网上报税系统中企业基本信息自动生成。

表 3-4-3　个人所得税扣缴申报表表头

个人所得税扣缴申报表

税款所属期：2019 年 1 月 1 日至 2019 年 1 月 31 日

扣缴义务人员名称：南通振兴有限公司

扣缴义务人纳税人识别号（统一社会信用代码）：91652301××××××3144

第二步：填写人员基本信息。根据工资发放表和任务一中子任务 2 至子任务 4 中扣缴个人所得税信息，填报纳税人个人姓名、身份证号、所得项目等。即填写个人所得税扣缴申报表中第 2 列到第 7 列的内容。如表 3-4-4 所示。

表 3-4-4　个人所得税扣缴申报表（部分）

序号	姓名	身份证件类型	身份证件号码	纳税人识别号	是否为非居民个人	所得项目
1	2	3	4	5	6	7
1	周阳	身份证	652324...		否	工资
2	何明	身份证	652323...		否	工资
3	陈小丽	身份证	652301...		否	工资
4	王晶晶	身份证	652301...		否	工资
5	杨柳	身份证	652301...		否	工资
6	吴江	身份证	652301...		否	工资
7	许多多	身份证	652301...		否	工资
8	赵星星	身份证	652324...		否	工资
9	陈欢	身份证	652324...		否	工资
10	李美丽	身份证	652327...		否	工资

在网上报税系统中即自然人税收管理系统扣缴端，进入人员信息采集完成员工基本信息的录入，如图 3-4-1 所示。员工信息采集有两种方式，直接添加和模板导入。直接添加需要手动填写员工信息，进入员工信息采集页面后，点击添加，在新弹出的境内人员信息页面（图 3-4-2）填写人员信息，填写完点保存后可再添加下一个员工信息。模板导入方式是在人员信息采集页面点击模板下载，按照模板把人员信息填好后导入文件即可，如图 3-4-3 所示。

第三步：根据工资发放表和税前扣除费用明细表，填报个人所得税扣缴申报表中的收入、费用和专项扣除项目，即第 8～15 列。如表 3-4-5 所示。

自然人税收管理系统扣缴客户端
功能菜单
首页 >> 人员信息采集
人员信息采集
专项附加扣除信息采集
综合所得申报
分类所得申报
非居民所得申报
限售股所得申报
税款缴纳
优惠备案
查询统计
温馨提示：身份验证状态为"待验证"的人员不能进行申报操作，请及时进行"报送"和"获取反馈"。
2019年01月 人员信息采集 总人数：0 人 本月新增：0 人 本月减少：0 人
添加
导入
报送
获取反馈
同步人员
导出
展开查询条件
更多操作
境内人员
境外人员
工号
姓名
证照类型
证照号码
性别
人员状态
报送状态

图 3-4-1

境内人员信息
温馨提示：如果姓名当中包含生僻字的，您可以安装生僻字补丁包，安装完成后即可支持生僻字的录入和显示。马上下载
* 人员状态：
正常
非正常
基本信息
* 证照类型：
居民身份证
* 证照号码：
652324
* 姓名：
周阳
* 国籍(地区)：
中国
* 性别：
男
学历：
大学本科
* 出生日期：
纳税人识别号：
是否存在以下情形：
残疾
烈属
孤老
残疾证号：
烈属证号：
备注：
任职受雇从业信息
* 任职受雇从业类型：
雇员
职务：
- 请选择 -
保存

图 3-4-2

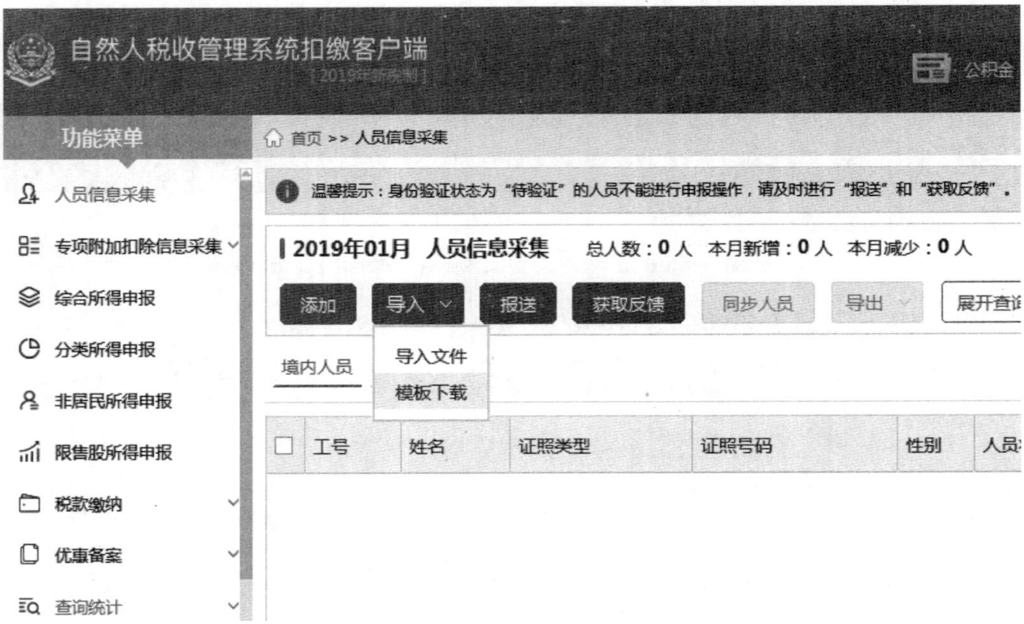

图 3-4-3

表 3-4-5　个人所得税扣缴申报表（部分）

姓名	本月（次）情况							
	收入额计算			减除费用	专项扣除			
	收入	费用	免税收入		基本养老保险费	基本医疗保险费	失业保险费	住房公积金
2	8	9	10	11	12	13	14	15
周阳	18 400			5 000	1 456	364	182	1 456
何明	17 900			5 000	1 400	350	175	1 400
陈小丽	20 850			5 000	1 600	400	200	1 600
王晶晶	18 100			5 000	1 424	356	178	1 424
杨柳	7 600			5 000	600	150	75	600
吴江	7 300			5 000	576	144	72	576
许多多	18 900			5 000	1 480	370	185	1 480
赵星星	9 100			5 000	696	174	87	696
陈欢	9 400			5 000	720	180	90	720
李美丽	19 600			5 000	1 552	388	194	1 552

第四步：根据工资发放表和税前扣除费用明细表填写个人所得税扣缴申报表中的累计情况，即第 22～30 列。其中第 24 列＝第 11 列＋第 12 列＋第 13 列＋第 14 列。第 25～29 列“累计专项附加扣除”：分别填写截至当前月份，纳税人按规定可享受的子女教育、赡养老人、住房贷款利息或者住房租金、继续教育扣除的累计金额。大病医疗扣除由纳税人在年度汇算清缴时办理，此处无须填报。第 30 列“累计其他扣除”：填写本年度截至当前月份，按规定允许扣除的年金（包括企业年金、职业年金）、商业健康保险、税延养老保险及其他扣除项目的累计金额。如表 3-4-6 所示。

表 3-4-6　个人所得税扣缴申报表（部分）

姓名	累计情况								
	累计收入额	累计减除费用	累计专项扣除	累计专项附加扣除					累计其他扣除
				子女教育	赡养老人	住房贷款利息	住房租金	继续教育	
2	22	23	24	25	26	27	28	29	30
周阳	18 400	5 000	3 458		1 000				
何明	17 900	5 000	3 325	1 000					
陈小丽	20 850	5 000	3 800				1 100		
王晶晶	18 100	5 000	3 382			1 000			
杨柳	7 600	5 000	1 425						
吴江	7 300	5 000	1 368						
许多多	18 900	5 000	3 515	1 000					
赵星星	9 100	5 000	1 653						
陈欢	9 400	5 000	1 710						
李美丽	19 600	5 000	3 686		1 000				

注意：如果申报 2 月份的个人所得税，第 22～24 列的数值是 1 月和 2 月之和。

表 3-4-6 中的第 25～29 列累计专项附加扣除的数据来源于专项附加扣除信息采集。以赡养老人支出为例，进入专项附加扣除信息采集后，点击赡养老人支出，在弹出的界面填写赡养老人支出的相关信息，如图 3-4-4 所示。子女教育支出、继续教育支出、住房贷款利息支出和住房租金支出填报方法与赡养老人支出相同。

图 3-4-4

第五步：计算第 33 列应纳税所得额，第 33 列＝第 22 列－第 23 列－第 24 列－第 25 列－第 26 列－第 27 列－第 28 列－第 29 列—第 30 列。计算结果如表 3-4-7。

表 3-4-7 个人所得税扣缴申报表（部分）

姓名	税款计算							备注
	应纳税所得额	税率/预扣率	速算扣除数	应纳税额	减免税额	已缴税额	应补/退税额	
2	33	34	35	36	37	38	39	40
周阳	8 942	3%	0	268.26			268.26	
何明	8 575	3%	0	257.25			257.25	
陈小丽	10 950	3%	0	328.5			328.5	
王晶晶	8 718	3%	0	261.54			261.54	
杨柳	1 175	3%	0	35.25			35.25	
吴江	932	3%	0	27.96			27.96	
许多多	9 385	3%	0	281.55			281.56	
赵星星	2 447	3%	0	73.41			73.41	
陈欢	2 690	3%	0	80.7			80.7	
李美丽	9 914	3%	0	297.42			297.42	

第六步：查税率表。工资薪金所得，查个人所得税预扣率表一，根据第 33 列的数值，找到适用的预扣税率和速算扣除数，分别填在第 34 列和第 35 列；

第七步：计算本期应纳税额（第 36 列）。第 36 列＝第 33 列×第 34 列－第 35 列。

第八步：填报“已缴税额”“应补（退）税额”。

第 38 列“已缴税额”：填写本年或本月（次）纳税人员同一所得项目，已由扣缴义务人员实际扣缴的税款金额。

第 39 列“应补/退税额”＝第 36 列—第 37 列－第 38 列。

在网上申报系统中，进入综合所得申报，在“收入与减除填写”页面，点击“正常工资薪金所得”后面的“填写”（图 3-4-5），在跳转的页面点击“添加”，即弹出“正常工资薪金所得”页面，依次填写员工的基本信息（这里的信息之前已经采集过，现在可以直接查找）、本期收入、本期专项扣除、累计专项附加扣除等信息后，点击“保存”（图 3-4-6）。之后按照上述操作依次填报其他员工的信息。此项任务完成后，在综合所得申报页面点击“税款计算”，系统会根据所填报信息自动计算出“应补（退）税额”。

图 3-4-5

图 3-4-6

第九步：完成网上纳税申报表的提交。在综合所得申报页面点击“申报表报送”，在跳转的页面点击“发送申报”，即完成网上报税。如图 3-4-7 所示。填报完的申报表见表 3-4-8 个人所得税扣缴申报表。

第十步，税务机关审查无误后，在网上报税系统上点击“税款缴纳”，在跳转的页面点击“立即缴款”，就会自动从公司的银行账户扣除相应的税款，完成税款缴纳。

第十一步，收到银行缴税付款凭证（凭证 3-4-1），并根据凭证录入会计分录：

借：应交税费——应交代扣个人所得税　1 911.84

　　贷：银行存款　　1 911.84

表 3-4-8 个人所得税扣

税款所属期： 2019 年 1 月 1 日至 2019 年 1 月 31 日

扣缴义务人名称：南通振兴有限公司

扣缴义务人纳税人识别号（统一社会信用代码）：91652301××××3144

序号	姓名	身份证件类型	身份证件号码	纳税人识别号	是否为非居民个人	所得项目	本月（次）情况													
							收入额计算			减除费用	专项扣除				其他扣除					
							收入	费用	免税收入		基本养老保险费	基本医疗保险费	失业保险费	住房公积金	年金	商业健康保	税延养老保	财产原值	允许扣除的税费	其他
1	2	3	4	5	6	7	8	9	10	11	12	13	14	15	16	17	18	19	20	21
1	周阳	身份证	652324..		否	工资	18 400			5 000	1 456	364	182	1 456						
2	何明	身份证	652323..		否	工资	17 900			5 000	1 400	350	175	1 400						
3	陈小丽	身份证	652323..		否	工资	20 850			5 000	1 600	400	200	1 600						
4	王晶晶	身份证	652301..		否	工资	18 100			5 000	1 424	356	178	1 424						
5	杨柳	身份证	652301..		否	工资	7 600			5 000	600	150	75	600						
6	吴江	身份证	652301..		否	工资	7 300			5 000	576	144	72	576						
7	许多多	身份证	652301..		否	工资	18 900			5 000	1 480	370	185	1 480						
8	赵星星	身份证	652324..		否	工资	9 100			5 000	696	174	87	696						
9	陈欢	身份证	652324..		否	工资	9 400			5 000	720	180	90	720						
10	李美丽	身份证	652327..		否	工资	19 600			5 000	1552	388	194	1 552						
合计																				

谨声明：本表是根据国家税收法律法规及相关规定填报的，是真实的、可靠的、完整的。

扣缴义务人（签章）： 年 月 日

经办人签字：

经办人民身份证号码：

代理机构签章：

代理机构统一社会信用代码：

缴申报表

金额单位：人民币元（列至角分）

累计情况									减按计税比例	准予扣除的捐赠额	税款计算							备注
累计收入额	累计减除费用	累计专项扣除	累计专项附加扣除					累计其他扣除			应纳税所得额	税率/预扣率	速算扣除数	应纳税额	减免税额	已缴税额	应补/退税额	
			子女教育	赡养老人	住房贷款利息	住房租金	继续教育											
22	23	24	25	26	27	28	29	30	31	32	33	34	35	36	37	38	39	40
18 400	5 000	3 458		1 000							8 942	3%	0	268.26			268.26	
17 900	5 000	3 525	1 000								8 575	3%	0	257.25			257.25	
2 0850	5 000	3 800				1 100					1 0950	3%	0	328.5			328.5	
1 8100	5 000	3 382			1 000						8 718	3%	0	261.54			261.54	
7 600	5 000	1 425									1 175	3%	0	35.25			35.25	
7 300	5 000	1 368									932	3%	0	27.96			27.96	
18 900	5 000	3515	1 000								9 385	3%	0	281.55			281.55	
9 100	5 000	1 653									2 447	3%	0	73.41			73.41	
9 400	5 000	1 710									2 690	3%	0	80.7			80.7	
19 600	5 000	3 686		1 000							9 914	3%	0	297.42			297.42	
																		1 911.84

受理人：

受理税务机关（章）：

受理日期：　　年　　月　　日

特别说明：公司代扣个人所得税时要做相应的账务处理。

代扣工资、薪金所得应纳税额时：

借：应付职工薪酬　　　　　　　　　　　　1 911.84

　　贷：应交税费——应交代扣个人所得税　　1 911.84

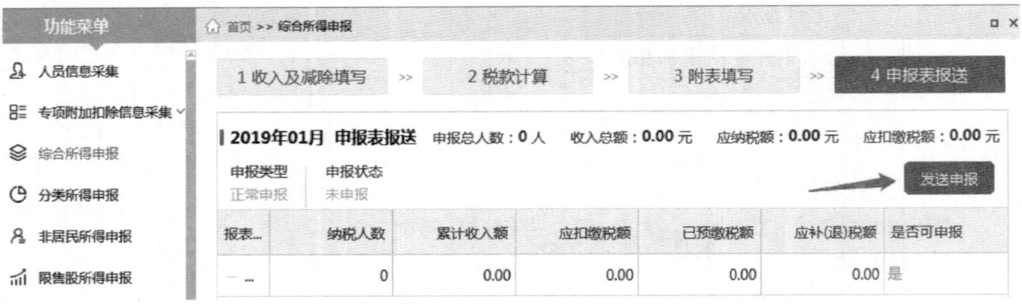

图 3-4-7

凭证 3-4-1　　　　　　　　　　**中国银行电子缴税付款凭证**

转账日期：2019 年 2 月 10 日　　　　　　　　　　凭证编号：2017090821224231

付款人全称：南通振兴有限公司　　　　征收机关名称：昌吉市国家税务局

付款人账号：097××××6511　　　　收款国库名称：国家金库昌吉市支库

付款人开启银行：中行昌吉支行　　　　税票号码：7201101111122222

小写金额：¥1 911.84

大写金额：人民币壹仟玖佰壹拾壹元捌角肆分

税种名称	所属日期	实缴金额
个人所得税	20190101-20190131	¥1 911.84

第 1 次打印　　　　　　　　　　11：11：11

第二联　　作付款回单（无银行收讫章无效）　　复核　　记账

师傅要求：根据工资表，正确填报个人所得税扣缴申报表，正确录入会计分录，能熟练完成网上报税。

师傅补充说明：工作中见到工资表和五险一金明细表后，要按照人员部门作计提工资和计提五险一金的账务处理。

计提工资会计分录如下：

借：管理费用－职工薪酬－工资薪金

　　销售费用－职工薪酬－工资薪金

　　贷：应付职工薪酬－职工工资

计提五险一金会计分录如下：

借：管理费用－职工薪酬－基本养老保险（基本医疗、失业、工伤、生育、住房公积）

　　销售费用－职工薪酬－基本养老保险（基本医疗、失业、工伤、生育、住房公积）

贷：应付职工薪酬－社会保险费－基本养老保险（基本医疗、失业、工伤、生育、住房公积）

发放工资后，依据工资发放表和银行电子回单做会计分录如下：

借：应付职工薪酬－职工工资

贷：其应付款－代扣代缴个人社保

其应付款－代扣代缴个人公积金

银行存款

【专业知识】

扣缴个人所得税报告表填表说明

（一）适用范围

本表适用于扣缴义务人办理全员全额扣缴个人所得税申报（包括向个人支付应税所得，但低于减除费用、不需扣缴税款情形的申报），以及特定行业职工工资、薪金所得个人所得税的月份申报。

（二）申报期限

次月十五日内。扣缴义务人应于次月十五日内将所扣税款缴入国库，并向税务机关报送本表。扣缴义务人不能按规定期限报送本表时，应当按照《中华人民共和国税收征收管理法》及其实施细则有关规定办理延期申报。

（三）本表各栏填写如下

1. **表头项目**

税款所属期：为税款所属期月分第一日至最后一日。

扣缴义务人名称：填写实际支付个人所得的单位（个人）的法定名称全称或姓名。

扣缴义务人编码：填写办理税务登记或扣缴登记时，由主管税务机关所确定的扣缴义务人税务编码。

扣缴义务人所属行业：扣缴义务人按以下两种情形在对应框内打“√”。

一般行业：是指除《中华人民共和国个人所得税法》及其实施条例规定的特定行业以外的其他所有行业。

特定行业：指符合《中华人民共和国个人所得税法》及其实施条例规定的采掘业、远洋运输业、远洋捕捞业以及国务院财政、税务主管部门确定的其他行业。

2. **表内各栏**

一般行业的填写

第 2 列“姓名”：填写纳税人姓名。中国境内无住所个人，其姓名应当用中、外文同时填写。

第 3 列“身份证件类型”：填写能识别纳税人唯一身份的有效证照名称。

在中国境内有住所的个人，填写身份证、军官证、士兵证等证件名称。

在中国境内无住所的个人，如果税务机关已赋予 18 位纳税人识别号的，填写“税务机关赋予”；如果税务机关未赋予的，填写护照、港澳居民来往内地通行证、台湾居民来往大陆通行证等证照名称。

第 4 列“身份证件号码”：填写能识别纳税人唯一身份的号码。

在中国境内有住所的纳税人，填写身份证、军官证、士兵证等证件上的号码。

在中国境内无住所的纳税人，如果税务机关赋予 18 位纳税人识别号的，填写该号码；没有，则填写护照、港澳居民来往内地通行证、台湾居民来往大陆通行证等证照上的号码。

税务机关赋予境内无住所个人的 18 位纳税人识别号，作为其唯一身份识别码，由纳税人到主管税务机关办理初次涉税事项，或扣缴义务人办理该纳税人初次扣缴申报时，由主管税务机关赋予。

第 5 列“所得项目”：按照税法第二条规定的项目填写。同一纳税人有多项所得时，分行填写。

第 6 列“所得期间”：填写扣缴义务人支付所得的时间。其中，个人领取的年金所属期间也填入该列。

第 7 列“收入额”：填写纳税人实际取得的全部收入额。其中，个人领取的年金金额也填入该列。

第 8 列“免税所得”：是指税法第四条规定可以免税的所得。

第 9～16 列“税前扣除项目”：是指按照税法及其他法律法规规定，可在税前扣除的项目。其中，在个人年金的缴费环节，个人允许税前扣除的年金缴费部分填入“扣缴个人所得税报告表”第 14 列“允许扣除的税费”；在个人年金的领取环节，个人领取年金时允许减计的金额填入第 15 列“其他”。

第 17 列“减除费用”：是指税法第六条规定可以在税前减除的费用。没有的，则不填。

第 18 列“准予扣除的捐赠额”：是指按照税法及其实施条例和相关税收政策规定，可以在税前扣除的捐赠额。

第 19 列“应纳税所得额”：根据相关列次计算填报。第 19 列＝第 7 列—第 8 列—第 16 列—第 17 列—第 18 列

第 20 列“税率”及第 21 列“速算扣除数”：按照税法第三条规定填写。部分所得项目没有速算扣除数的，则不填。

第 22 列“应纳税额”：根据相关列次计算填报。第 22 列＝第 19 列×第 20 列－第 21 列

第 23 列“减免税额”：是指符合税法规定可以减免的税额。其中，纳税人取得“稿酬所得”时，其根据税法第三条规定可按应纳税额减征 30％，填入此栏。

第 24 列“应扣缴税额”：根据相关列次计算填报。第 24 列＝第 22 列－第 23 列

第 25 列“已扣缴税额”：是指扣缴义务人当期实际扣缴的个人所得税税款。

第 26 列“应补（退）税额”：根据相关列次计算填报。第 26 列＝第 24 列－第 25 列

第 27 列“备注”：填写非本单位雇员、非本期收入及其他有关说明事项。

对不是按月发放的工资薪金所得，其适用“工资、薪金所得”个人所得税的填报，则不完全按照上述逻辑关系填写。

特定行业月份申报的填写

第 2～6 列的填写：同上“一般行业”的填写。

第 7～19 列、第 22～26 列的数据口径同上“一般行业”对应项目，全额按以下原则填写：

第 7 列“收入额”：是指本月实际发放的全部收入额。

第 8～16 列的填写：填写当月实际发生额。

第 17 列“减除费用”：是指税法第六条规定可以在税前减除的费用额。没有的，则不填。

第 18 列“准予扣除的捐赠额”：准予扣除的捐赠额，按纳税人捐赠月份的实际收入额来计算。

第 19 列“应纳税所得额”：根据相关列次计算填报。第 19 列＝第 7 列－第 8 列－第 16 列－第 17 列－第 18 列

第 20 列“税率”及第 21 列“速算扣除数”：按照税法第三条规定填写。

第 22 列“应纳税额”：特定行业个人所得税月份申报时，“应纳税额”为预缴所得税额。根据相关列次计算填报。

第 22 列＝第 19 列×第 20 列－第 21 列

资料来源：国家税务总局

【工作任务实施记录与评价】

表 1　学徒轮岗期间实习考核表

学校：________　班级：________　学徒姓名：________　日期：________

实习任务					
自我鉴定（20 分）	职业素养（5）	□优	□良	□一般	□较差
	工作态度（5）	□优	□良	□一般	□较差
	出勤率（5）	□优	□良	□一般	□较差
	专业技能（5）	□优	□良	□一般	□较差
	得分				

续表 1

实习表现（20 分）	得分：企业带教师傅签名：　　　　日期：				
专业技能（60 分）	程序掌握（15）	□优	□良	□一般	□较差
	税金计算（15）	□优	□良	□一般	□较差（填写　张）
	熟练程度（15）	□优	□良	□一般	□较差
	分录录入（15）	□优	□良	□一般	□较差
	得分：　　企业带教师傅签名：　　　　日期：				
综合得分	（1）得分				
	（2）实习等级	□优　□良	□中等	□及格	□不及格

表 2　填报个人所得税报告表

师傅指导记录	填报个人所得税报告表评价
评价成绩：	年　　月　　日

表 3　学徒关键职业能力及职业品质、工匠精神评价表

项目	A	B	C	D
工作态度				
吃苦耐劳				
团队协作				
沟通交流				
学习钻研				
认真负责				
诚实守信				
企业带教师傅签名：				日期：

项目五 印花税核算与纳税申报

在师傅指导带领下，结合本公司具体的涉税业务，独立完成印花税应纳税额的计算、申报和核算。

【任务目标与质量要求】

1. 计算该企业应纳印花税税额。
2. 进行印花税涉税业务的会计处理：填制记账凭证；登记“应交税费”相关明细账。
3. 填制印花税申报表。

【学习产出目标】

能够独立进行印花税应纳税额的计算、申报和核算，能够进行印花税涉税业务的综合处理。

一、企业基本信息

（1）名称：南通振兴有限公司

（2）性质：有限公司（增值税一般纳税人）

（3）地址：新疆昌吉市河浜路76号

（4）开户银行

基本户：中行昌吉支行　账号097××××6511

结算户：中行昌吉支行　账号096××××5324

（5）税务登记证号：91652301×××××3144

（6）企业法人代表（董事长）：陈冰

（7）总经理：何晶

（8）会计主管：王慧春　报税会计：杨阳　出纳：万青

（9）主管地税机关：昌吉市税务局

（10）注册资本：人民币1 000万元

（11）经营范围：各种粮食酒类的生产及销售

二、企业发生涉税业务

1. 权利许可证照资料

2019年7月从昌吉市国土资源局受让昌吉市开发区12号商业用地，办理国有土地使用证一件；到昌吉市住房保障和城乡建设管理局办理房屋所有权证一件。

2. 营业账簿资料

2019 年 7 月资金账簿实收资本增加了 400 万元。

3. 合同材料

（1）7 月与多家公司签订白酒销售合同共计 80 份，金额共计 1 000 万元，其中与华鸣百货公司签订白酒销售合同一份，合同金额 33.9 万元（凭证 3-5-1）；

（2）与多家公司签订啤酒销合同 30 份，合同金额共计 500 万元。

凭证 3-5-1　销售合同

商品购销合同

甲方（购货方）：华鸣百货公司　　　　合同号：2019-085

乙方（销货方）：南通振兴有限公司　　　　签订日期：2019 年 7 月 1 日

签订地点：昌吉市

根据《中华人民共和国经济合同法》及有关规定，本着平等互利的原则，经双方协商一致，签订本合同：

一、产品名称、规格、单位、数量、金额

序号	商品名称	规格型号	计量单位	数量	单价	金额
1	白酒		吨	50	6 780	339 000.00
合计人民币金额(大写)：叁拾叁万玖仟元整						(小写)339 000.00

二、质量要求及技术标准：符合中国国家标准的原制造厂出厂标准。

三、交货地点：昌吉市河浜路 76 号南通振兴有限公司 1 号仓库。

四、货款结算方式、时间：签订合同时购货方支付货款 10%的定金，购货方验货无误后一周内结清余款。

五、运输方式和费用负担：采用汽车运输方式，运输费用及运输途中出现的所有损失均由供货方承担。

六、验收标准及异议提出期限：以生产厂家技术标准为验收标准，购货方提出异议为收到货物的当天或次日。

七、争议解决：本合同在履行过程中，若发生纠纷或异议，双方协调解决。

八、其他：本合同双方签字盖章后生效，正本一式两份，甲乙双方各执一份，

甲方：华鸣百货公司　　　　乙方：南通振兴有限公司

法人代表：李诚实　　　　法人代表：陈冰

开户银行：建行淮安区分行　　　　开户银行：中行昌吉支行

账号：2386106654　　　　账号：097××××6511

（3）与平安保险公司签订财产保险合同一份，投保金额 3 000 万元，缴纳保险费 10 万元。

（4）与远洋货运公司签订运输合同 10 份，支付运输费 51 万元，其中装卸费 1 万元。

（5）与中国银行签订一年借款合同，借款金额 500 万元，年利率 5%。

（6）用价值 20 万元的白酒向华光农场换得价值 30 万元的小麦，并签订了换货合同。

作为报税会计，你将如何对公司的上述业务进行处理？

师傅指导：根据本公司发生的涉税业务，首先一定要清楚每种涉税业务的计税依据，才能正确对业务进行处理。在业务操作前，如果不清楚计税依据可以先参照下面的“专业知识”。

【工作程序与方法要求】

第一步：计算权利许可证照的印花税

权利许可证照按件贴花，每件 5 元，国有土地使用证一件，房屋所有权证一件，共计印花税 10 元。所交印花税计入“税金及附加”，会计分录如下：

借：税金及附加　　　　10

　　贷：银行存款　　　　10

第二步：计算营业账簿的印花税

记载资金的营业账簿印花税按以下公式计算，以后每年只就资金增加的部分贴印花

应纳税额＝(实收资本＋资本公积)×0.25‰

因此，应纳税额＝400 万元×0.25‰＝1 000 元

所交印花税计入“税金及附加”，会计分录如下：

借：税金及附加　　　1 000

　　贷：银行存款　　　1 000

第三步：计算购销合同的印花税

从公司合同材料中知道，白酒与啤酒销售合同共计 110 份，金额共计 1 500 万元；另外换货合同也按购销合同征收印花税，计税金额按换货的总价计算。

购销合同应纳税额＝(1 500 万元＋20 万元＋30 万元)×0.3‰＝4 650 元

会计分录与第二步相同。

第四步：计算保险合同的印花税

保险合同应纳税额＝100 000×1‰＝100（元）

会计分录与第二步相同。

第五步：计算运输合同的印花税

运输合同应纳税额＝(510 000－10 000)×0.5‰＝250（元）

会计分录与第二步相同。

第六步：计算借款合同的印花税

借款合同应纳税额＝500 万元×0.05‰＝250 元

会计分录与第二步相同。

第七步：填报纳税申报表

根据上述计算结果，按应税凭证名称分别填写件数、计税金额和已纳税额，具体见表 3-5-1。

表 3-5-1　印花税纳税申报(报告)表

税款所属期限：自 2019 年 7 月 1 日至 2019 年 7 月 31 日

纳税人识别号(统一社会信用代码)：91652301××××××3144

纳税人名称：南通振兴有限公司　　　　金额单位：人民币元(列至角分)

本期是否适用增值税小规模纳税人减征政策(减免性质代码：09049901)					□是 □否	减征比例（%）				
应税凭证	计税金额或件数	核定征收		适用税率	本期应纳税额	本期已缴税额	本期减免税额		本期增值税小规模纳税人减征额	本期应补（退）税额
		核定依据	核定比例				减免性质代码	减免税额		
	1	2	3	4	5=1×4+2×3×4	6	7	8	9	10=5−6−8−9
购销合同	15 500 000.00			0.3‰	4 650.00					4 650.00
加工承揽合同				0.5‰						
建设工程勘察设计合同				0.5‰						
建筑安装工程承包合同				0.3‰						
财产租赁合同				1‰						
货物运输合同	500 000.00			0.5‰	250.00					250.00
仓储保管合同				1‰						
借款合同	5 000 000.00			0.05‰	250.00					250.00
财产保险合同	100 000.00			1‰	100.00					100.00
技术合同				0.3‰						
产权转移书据				0.5‰						
营业帐簿（记载资金的帐簿）	4 000 000.00	—		0.5‰	2 000.00			1 000.00		1 000.00
营业帐簿（其他帐簿）		—		5				—		
权利、许可证照	2	—		5	10.00					10.00
合计	—	—		—	7 260.00			1 000.00		6 260.00

谨声明：本纳税申报表是根据国家税收法律法规及相关规定填报的，是真实的、可靠的、完整的。

纳税人（签章）：　2019 年 8 月 10 日

经办人：
经办人身份证号：
代理机构签章：
代理机构统一社会信用代码：

受理人：
受理税务机关（章）：
受理日期：　年　月　日

师傅要求：能独立、熟练完成印花税的申报。

【专业知识】

印花税的征税范围及税目

印花税的征税范围采用列举法，按列举税目征税。只要现实经济往来中的凭证性质属于列举征税的范围，均依法纳税。其具体分为四大类13个税目（表3-5-2）。

表3-5-2 印花税税目、税率表

应税凭证类别	税目	税率形式	纳税人
一、合同或具有合同性质的凭证	1. 购销合同	按购销金额0.3‰	订合同人
	2. 加工承揽合同	按加工费或承揽收入0.5‰，含代垫辅助材料费，不含原材料费	
	3. 建设工程勘察设计合同	按收取费用0.5‰	
	4. 建筑安装工程承包合同	按承包金额0.3‰	
	5. 财产租赁合同	按租赁金额1‰	
	6. 货物运输合同	按收取的运费收入0.5‰，不包括装卸费和保险费等	
	7. 仓储保管合同	按仓储收取的保管费用1‰	
	8. 借款合同（包括融资租赁合同）	按借款金额0.05‰	
	9. 财产保险合同	按收取的保险费收入1‰，不包括所保财产的金额	
	10. 技术合同	按所载价款、报酬金额0.3‰，不包括研究开发经费	
二、书据	11. 产权转移书据	按所载金额0.5‰，股权转让书据为1‰	立据人
三、账簿	12. 营业账簿	记载资金的账簿，按实收资本和资本公积的合计0.25‰；其他账簿免征	立账簿人
四、证照	13. 权利、许可证照	按件贴花5元	领受人

（一）合同或具有合同性质的凭证

合同或具有合同性质的凭证用于购销、加工承揽、建设工程承包、财产租赁、货物运输、仓储保管、借款、财产保险和技术合同等。具有合同性质的凭证是指具有合同效力的协议、契约、合约、单据、确认书及其他各种名称的凭证。

（二）书据

书据包括财产所有权和著作权、商标专用权、专利权、专有技术使用权等转移时书立的书据，包括商品房销售合同。

（三）账簿

账簿包括单位和个人从事生产经营活动所设立的各种财务会计账簿。营业账簿按其内容不同，可分为记载资金的账簿和其他账簿。

（四）证照

证照包括政府部门颁发的房屋产权证、工商营业执照、商标注册证、专利证和土地使用证等。

资料来源：吉文丽主编《税法》，清华大学出版社。

【案例分析】

财政部、国家税务总局发布《关于对营业账簿减免印花税的通知》（财税〔2018〕50 号），规定自 2018 年 5 月 1 日起，对按万分之五税率贴花的资金账簿减半征收印花税，对按件贴花 5 元的其他账簿免征印花税。

从企业操作层面来看，一部分企业对该税收优惠的条件把握不够准确，导致优惠政策的错用。下面通过三个案例来说明一下，如何准确享受印花税的政策优惠。

案例 1

2018 年 5 月 16 日，税务人员通过金税三期系统比对发现，茶花公司今年初启用新账簿时，没有申报缴纳“营业账簿”印花税。原来，企业办税人员根据财税〔2018〕50 号文件“其他账簿免征印花税”的规定，没有申报缴纳“营业账簿”印花税。

《印花税暂行条例》第七条规定：应纳税凭证应当于书立或者领受时贴花。茶花公司 2018 年的账簿，应在年初启用时按每件 5 元贴花。50 号文件规定的免税范围，是 2018 年 5 月 1 日后新启用的账簿。所以，茶花公司在年初启用的营业账簿并不在免税范围内。

案例 2

今年 5 月 6 日，玫瑰公司注册成立，注册资本为 1 000 万元，公司财务人员到办税服务厅申报缴纳印花税 2 500 元（1 000 万×0.025%）。税务机关审核公司章程时，发现玫瑰公司的股东实缴资本仅为 300 万元，当月通知玫瑰公司办理了退税 1 750 元。这是怎么回事呢？

原来，《公司法》将注册资本从实缴登记改为认缴登记，企业在注册成立时，市场监管部门只登记其认缴的注册资本金额，不再登记实收资本，也不收取验资证明材料。

《国家税务总局关于资本账簿印花税问题的通知》（国税发〔1994〕25 号）规定，记载资金的账簿的印花税计税依据，为“实收资本”与“资本公积”两项的合计金额。

实收资本，即企业接受投资者实际投入的资本。对新注册的企业来说，就是法人或股东实际到位的资金额。

对于认缴资金超过实缴资金的部分，则应遵循收付实现制，在公司实际收到出资时，再申报缴纳相应的印花税，玫瑰公司恰恰忽视了这一点，多缴了 1 750 元［(1 000 万－300 万)×0.025%］印花税。你看，要是政策理解不到位，还造成了企业多缴税！

案例 3

百合公司在 6 月初申报缴纳了 5 月的税款，税务人员在审核时发现，该公司印花税额与销售收入明显不符。通过实地核查，发现该公司存在两个问题：一是公司财务人员仅按照规定税率的一半，即万分之一点五计算印花税额；二是公司存在以电子邮件形式签订的购销业务合同，财务人员没有将这些电子合同纳入应税合同缴纳印花税。

企业签订的电子合同，和通常的纸质合同只是表现形式不同，并无实质上的差别。《财政部、国家税务总局关于印花税若干政策的通知》（财税〔2006〕162 号）规定，对纳税人以电子形式签订的各类应税凭证，按规定征收印花税。

资料来源：http://bbs.ecfo.com.cn/ecfopost-154433-1-3.html

【工作任务实施记录与评价】

表 1　学徒轮岗期间实习考核表

学校：＿＿＿＿＿班级：＿＿＿＿＿学徒姓名：＿＿＿＿＿日期：＿＿＿＿＿

实习任务					
自我鉴定（10 分）	职业素养（2.5）	□优	□良	□一般	□较差
	工作态度（2.5）	□优	□良	□一般	□较差
	出勤率（2.5）	□优	□良	□一般	□较差
	专业技能（2.5）	□优	□良	□一般	□较差
	得分				
实习表现（50 分）	得分　　企业带教师傅签名：　　　　日期：				
专业技能（40 分）	程序掌握（10）	□优	□良	□一般	□较差
	税金计算（10）	□优	□良	□一般	□较差
	熟练程度（10）	□优	□良	□一般	□较差
	分录录入（10）	□优	□良	□一般	□较差
	得分：　企业带教师傅签名：　　　　日期：				
综合得分	（1）得分				
	（2）实习等级	□优　□良　□中等　□及格　□不及格			

表 2　印花税的计算

师傅指导记录	印花税的计算评价
评价成绩：	年　　月　　日

表 3　印花税会计分录的编制

师傅指导记录	印花税会计分录的编制评价
评价成绩：	年　　月　　日

表 4　填报印花税纳税申报表

师傅指导记录	填报印花税纳税申报表评价
评价成绩：	年　　月　　日

表 5　学徒关键职业能力及职业品质、工匠精神评价表

项目	A	B	C	D
工作态度				
吃苦耐劳				
团队协作				
沟通交流				
学习钻研				
认真负责				
诚实守信				
企业带教师傅签名：			日期：	

附录1
报税会计学徒岗位标准

学徒岗位	报税会计
学徒岗位描述	报税会计工作是通过报税软件和财务软件对企业的各项涉税业务进行核算的一项工作。具体来说，主要有公司涉税业务的核算和管理，税金计算与申报，各项涉税统计报表的填报，各种发票的领取、使用和保管工作。会计人员必须具备良好的职业道德修养，热爱本职工作，敬业、严谨、清醒，科学理财、洁身自好、实事求是、保守机密，充分发挥资金的使用效益。还须具备良好的沟通能力、不折不扣的执行力、吃苦耐劳的精神和精益求精的工匠精神。
现代化生产技术设备、管理理念、企业文化与质量管理、企业师傅要求	岗位现代化生产技术设备水平：保险柜、POS机、支票打印机、点钞机、装订机、计算机及网络、报税软件、财务软件操作系统。 管理理念：企业具有现代企业管理理念，有相应的内控措施。 企业文化与质量管理：企业场所文化氛围浓厚，特色鲜明，管理规范。企业通过2000版ISO 9000认证或建有完善的质量保证体系。 企业师傅要求：有丰富的财务工作经验，具备一线指导财务工作能力，有制定、实施培训方案的能力，具备良好的语言表达能力和沟通交流能力。
工作场所与使用工具	工作场所：企业办公场所。 使用工具：企业报税软件、办公软件、财务软件。
行业企业职业行为规范	职业守则：爱岗敬业，廉洁自律；掌握技能，精益求精；坚持准则，诚实守信；立足本职，服务企业。 行为规范：着装企业统一服装、衣着朴实；培训交流言语实在、言行一致；遵守企业规章制度，保护企业利益，维护国家财经法纪。 安全生产规范：遵守企业生产安全、出行安全、食宿安全的有关规定。

续表

学徒岗位	报税会计		
基本专业知识要求	专业知识：(1) 基础会计；(2) 财经法规与职业道德；(3) 财务会计；(4) 成本会计；(5) 税法；(6) 计算机基础；(7) 会计电算化。 法律知识：(1) 票据法；(2) 支付结算法；(3) 公司法；(4) 会计法；(5) 网络安全法；(6) 经济合同法等相关的法律法规。 安全知识：(1) 安全使用电子仪器知识；(2) 安全用电知识；(3) 安全使用网络知识。 企业经营管理知识：(1) 企业组织机构与管理流程；(2) 企业财务管理知识；(3) 企业文化；(4) 企业人力资源管理与员工职业生涯规划。		
学徒岗位工作任务（或项目）	工作过程	专业知识要求	技术技能及综合职业能力要求
1. 增值税核算与申报	销项税的采集—进项税的采集—进项转出的采集—申报表填写(先填写附表，主表数据自动生成)—网上报税（申报表发送)—税款缴纳—录入凭证	熟知增值税的征收范围；熟知销项税的来源和核算；熟知进项税可以抵扣和不得抵扣的规定；熟知增值税的税收优惠政策； 会计算增值税；熟悉增值税纳税申报主表的结构和数据来源；熟知增值税申报的相关规定；熟悉网上报税系统操作方法。	能正确核算销项税和进项税，并根据增值税发票和其他原始凭证录入会计分录；能对涉税业务做出正确的判断和账务处理；会开增值税红字发票；能熟练操作网上报税系统进行抄税和报税；能正确进行增值税纳税申报表的填写；按时进行网上报税和税款缴纳；记账凭证填写必须做到规范化、要素齐全、数字正确。 能按时按要求申报税金，不漏报、不隐瞒，不逃税；在税法允许的范围内帮助企业合理避税。
2. 消费税核算与申报	根据原始凭证计算消费税—录入消费税会计分录—消费税申报表的填写—网上报税（申报表发送)—税款缴纳—录入凭证。	熟知消费税的征收范围；熟知消费税的纳税环节；熟练运用消费税的计算公式计算生产环节、委托加工环节和进口环节的消费税；熟知消费税可以抵扣的规定；熟知消费税的税收优惠政策；熟知消费税申报的相关规定；熟悉网上报税系统操作方法。熟知不同类消费税申报表的填写。	能根据原始凭证正确计算消费税；能复述从量计征、从价计征和复合计征消费税的计算公式；能根据实际业务正确判断计税方法并正确计算消费税；能正确对消费税的业务做账务处理；能正确填写不同类消费税申报表；能熟练操作网上报税系统；记账凭证填写必须做到规范化、要素齐全、数字正确。 能按时按要求申报税金，不漏报、不隐瞒，不逃税；在税法允许的范围内帮助企业合理避税。

续表

学徒岗位工作任务（或项目）	工作过程	专业知识要求	技术技能及综合职业能力要求
3. 企业所得税核算与申报	各项收入的确定—各项成本的确定—各项费用的确定—职工薪酬确认—其他扣除项目纳税调整—填报纳税申报表。	熟知企业收入确定的相关规则；熟知不征税收入与免税收入；熟知企业成本及费用的规定；熟知费用扣除标准的规定；熟知税前禁止扣除的项目；熟知纳税调整的操作，能正确进行纳税调整；熟知企业所得税税收优惠的规定；会正确核算企业所得税；熟知企业所得税的主表和常见的各项明细表之间的关系。	能正确判断征税收入、不征税收入和免税收入；能正确复述各项费用的扣除标准；能根据企业的业务正确做出纳税调整，并能说明理由；能正确计算出应纳税所得额；能根据企业发生的业务做出正确的账务处理；能熟练判断企业的业务是否符合税收优惠政策；能正确填写收入明细表、费用明细表、工资薪金明细表、纳税事项调整明细表和企业所得税申报主表；能熟练操作网上报税系统；按时进行网上报税和税款缴纳。不漏报、不隐瞒，不逃税；在税法允许的范围内帮助企业合理避税。
4. 个人所得税核算与申报	纳税人基本信息录入—确定收入来源—确定应纳税所得额—确定适用税率—计算个人所得税—纳税申报。	明确居民纳税人和非居民纳税人的规定；熟知个人所得税的征税范围；熟知收入确定的原则；熟知专项扣除和专项附加扣除的规定；熟知应纳税所得额确定的规定；正确计算个人所得税；熟知个人所得税的税收优惠政策；熟知个人所得税纳税申报的规定；熟悉网上报税系统操作。	能正确区分居民纳税人和非居民纳税人；能正确判断收入所得属于哪个所得项目；能正确填报专项附加扣除；能正确计算工资薪金、劳务报酬、稿酬、特许权使用费所得预扣预缴的个人所得税；能正确填报扣缴个人所得税报告表；能正确对代扣代缴的个人所得税进行账务处理；能熟练操作网上报税系统；按时进行网上报税和税款缴纳，不漏报、不隐瞒，不逃税；在税法允许的范围内帮助企业合理避税。

续表

学徒岗位工作任务（或项目）	工作过程	专业知识要求	技术技能及综合职业能力要求
5. 印花税核算与申报	纳税人基本信息录入—归属税目—登记应税凭证纳税件数—确定应纳税所得额—计算印花税—纳税申报。	熟悉印花税的征税范围；熟悉各项应税凭证印花税应纳税所得额的确定规则；熟知印花税的税收优惠政策；熟知印花税纳税申报的规定；熟悉网上报税系统操作。	能正确核定各项应税凭证的应纳税所得额；能正确计算印花税；能按规定完成贴花；能熟练操作网上报税系统；按时进行网上报税和税款缴纳。不漏报、不隐瞒、不逃税；在税法允许的范围内帮助企业合理避税。
职业品质与工匠精神	职业品质：爱岗敬业、廉洁自律、诚实守信、客观公正、一丝不苟、钻研积累、坚持准则、参与管理、强化服务。 工匠精神：敬业、精益、专注、创新。		
职业生涯发展规划	职业资格发展：初级会计资格、中级会计资格、高级会计资格； 专业技术职务发展：初级会计师、会计师、高级会计师； 企业管理职务发展：出纳、会计、科长、部长、副总经理、总经理等。		

附录2
报税会计学徒岗位课程标准

<table>
<tr><td>学徒岗位课程名称</td><td colspan="3">报税会计</td></tr>
<tr><td>学徒岗位
课程描述</td><td>学生以学徒准报税会计身份，在通过认证的企业师傅培训指导下，在企业报税会计岗位上跟岗完成一个月报税会计工作任务，依次包括增值税、消费税、个人所得税、印花税、企业所得税的核算与申报等学徒岗位工作任务，顶岗完成下一个月报税会计工作任务，并完成学徒培养和岗位工作学习产出。</td><td>学徒工作
学习周数</td><td>12 周</td></tr>
<tr><td>课程教学目标
与学习产出</td><td colspan="3">职业素质目标：学徒所在企业和企业师傅对学徒职业守则行为规范、职业品质素养、工匠精神等日常表现认为达到企业员工要求，评价达到良好。
专业知识目标：通过学徒岗位培养学生能够正确判断征税业务的范围、能复述常见的税收优惠政策、熟知各税种应缴税额的计算方法、熟知各税种纳税申报的规定等专业知识完成岗位业务工作，填写纳税申报表，并对各税种应缴税额变化做出分析。
职业能力目标（技术技能和岗位从业能力）：
1. 正确填报各税种的纳税申报表；
2. 正确进行涉税业务的会计处理；
3. 准确填制记账凭证；
4. 正确登记“应交税费”相关明细账，规范填写金额和日期；
5. 能熟练操作网上报税系统；
6. 能依法按时进行网上报税和税款缴纳。</td></tr>
</table>

续表

学徒岗位课程名称		报税会计
学徒岗位认证条件	学徒岗位技术、设备、规模资质，质量管理等保障条件	岗位现代化生产技术设备水平：保险柜、POS 机、支票打印机、点钞机、装订机、计算机及网络、报税软件和财务软件操作系统。 管理理念：企业具有现代企业管理理念，有相应的内控措施。 企业文化与质量管理：企业场所文化氛围浓厚，特色鲜明，管理规范。企业通过 2000 版 ISO 9000 认证或建有完善的质量保证体系。 企业师傅要求：有丰富的财务工作经验，具备一线指导财务工作的能力，有制定、实施培训方案的能力，具备良好的语言表达能力和沟通交流能力。
	学徒岗位课程实施工作场所与使用工具	工作场所：企业办公场所。 使用工具：办公软件、财务软件操作、企业网上报税软件。
	学徒岗位课程实施岗位职业安全与规章制度	企业规章制度： 1. 公司章程。 2. 人力资源管理制度。 3. 财务管理制度。 4. 绩效管理制度。
	行业企业工作学习职业行为规范	职业守则：爱岗敬业，廉洁自律；掌握技能，精益求精；坚持准则，诚实守信；立足本职，服务企业。 行为规范：着装企业统一服装、衣着朴实；培训交流言语实在、言行一致；遵守企业规章制度，保护企业利益，维护国家财经法纪。 安全生产规范：遵守企业生产安全、出行安全、食宿安全的有关规定。
企业师傅认证与配置要求		企业师傅认证条件： 1. 本科以上学历、中级以上职称； 2. 丰富的财务工作经验，业内工作 5 年以上，具备一线指导财务工作能力的在职人员； 3. 具有培训、兼职教学经历。 企业师傅配置要求： 1. 企业师傅需经专业学徒制委员会按“专业学徒师傅标准”认证； 2. 企业师傅与学生按 1：1 或 1：2 的比例配置。
可考取的职业资格证书、行业或企业证书		初级会计师

续表

学徒岗位课程名称	报税会计			
学徒岗位课程培训与工作任务（或项目）	培训与工作学习内容	培训、工作学习组织	学习产出目标	工作学习时间（天）
企业岗前培训	企业文化管理、企业财务管理、人力资源管理、产品业务培训、销售管理等。	1. 由企业各部门主管按照新员工培训要求进行轮训。 2. 在企业师傅指导下制订学徒期间的工作计划、学习计划和专题研修计划。	1. 了解企业管理结构、发展环境； 2. 了解企业对报税会计的业务和行为规范要求，自身职业生涯发展； 3. 了解企业技术、产品市场、财务流程等； 4. 制订学徒制期间的工作计划、学习计划和专题研修计划。	3
1. 增值税申报与账务处理	销项税的采集方法； 进项税的采集方法； 进项转出的采集方法； 增值税发票开具； 增值税税收优惠的规定； 各项相关附表的填写要求； 主表数据来源； 网上报税流程； 税款缴纳及规定； 录入记账凭证完成账务处理。	利用员工培训，在师傅指导带领下，结合企业实际发生的业务和收到的各种原始票据、单证，按照业务发生的时间，一笔一笔对企业增值税涉税业务进行税务处理和账务处理（师傅示范）。 学徒对业务处理中不清楚、有疑问的及时请教师傅。 师傅对学徒提出的问题给予指导、纠错。 通过让学徒单独完成一定业务处理检测学徒的学习效果和业务能力。	能正确计算增值税； 能熟练操作网上报税系统进行抄税和报税； 能正确使用网上开票系统开增值税发票； 能正确进行增值税纳税申报表的填写； 熟练登记记账凭证； 能对涉税业务做出正确的账务处理。	15

续表

学徒岗位课程名称	报税会计			
2. 消费税申报与账务处理	消费税可以抵扣的业务处理； 根据原始凭证计算消费税； 录入消费税会计分录； 消费税申报表的填写要求； 消费税税收优惠的规定； 网上报税流程； 税款缴纳及规定； 录入记账凭证完成账务处理；	在师傅指导带领下，结合企业实际发生的业务和收到的各种原始票据、单证，一笔一笔对企业消费税涉税业务进行税务处理和账务处理（师傅示范）。 学徒对业务处理中不清楚、有疑问的及时请教师傅。 师傅对学徒提出的问题给予指导、纠错。通过让学徒单独完成一定业务处理检测学徒的学习效果和业务能力。	正确计算各环节的消费税； 熟练登记记账凭证； 能熟练操作网上报税系统； 能正确进行消费税纳税申报表的填写； 能对涉税业务做出正确的账务处理。	10
3. 企业所得税申报与账务处理	各项收入的确定原则； 各项成本的确定原则； 各项费用的确定原则； 职工薪酬确认原则； 其他扣除项目确定原则； 纳税调整方法； 企业所得税税收优惠的规定； 纳税申报表附表填写要求； 网上报税流程； 税款缴纳及规定； 录入记账凭证完成账务处理。	在师傅指导带领下，结合企业历史发生的业务和各种原始资料，练习填报企业所得税各项表，理清楚各表之间的关系（师傅示范）。 学徒对业务处理中不清楚、有疑问的及时请教师傅。 师傅对学徒提出的问题给予指导、纠错。通过让学徒单独完成一定业务处理检测学徒的学习效果和业务能力。	能根据会计和税法原则正确核算企业的收入、费用； 能熟练对企业的纳税事项做出正确调整； 能熟练操作网上报税系统； 能正确进行企业所得税纳税申报表的填写； 熟练登记记账凭证； 能对涉税业务做出正确的账务处理。	15

续表

学徒岗位课程名称	报税会计			
4. 个人所得税申报与账务处理	纳税人基本信息录入； 确定收入来源； 确定应纳税所得额； 确定适用税率； 计算个人所得税； 个人所得税税收优惠的规定； 纳税申报的填写要求； 网上报税流程； 税款缴纳及规定； 录入记账凭证完成账务处理。	在师傅指导带领下，结合企业历史发生的工资，练习填报个人所得税报告表，理清楚表中各列之间的关系（师傅示范）。 学徒对业务处理中不清楚、有疑问的及时请教师傅。 师傅对学徒提出的问题给予指导、纠错。 通过让学徒单独完成一定业务处理检测学徒的学习效果和业务能力。	能熟练录入专项扣除； 能熟练录入专项附加扣除； 能熟练计算出应纳税所得额； 能熟练查税率表并找到正确的税率； 能熟练操作网上报税系统； 能正确进行个人所得税纳税申报表的填写； 熟练登记记账凭证； 能对涉税业务做出正确的账务处理。	10
5. 印花税申报与账务处理	印花税的纳税人和征税范围； 应纳税所得额确定方法； 印花税的计算； 印花税税收优惠的规定； 纳税申报的填写要求； 网上报税流程； 税款缴纳及规定； 录入记账凭证完成账务处理。	在师傅指导带领下，结合企业发生的业务和各种原始资料，练习填报印花税纳税申报表，理清楚各表之间的关系（师傅示范）。 学徒对业务处理中不清楚、有疑问的及时请教师傅。 师傅对学徒提出的问题给予指导、纠错。 通过让学徒单独完成一定业务处理检测学徒的学习效果和业务能力。	能熟练操作网上报税系统； 能正确进行印花税纳税申报表的填写； 熟练登记记账凭证； 能对涉税业务做出正确的账务处理。	5

续表

<table>
<tr><td>学徒岗位课程名称</td><td colspan="4">报税会计</td></tr>
<tr><td>学徒培养总结</td><td>企业师傅指导学徒系统总结学徒期间报税会计任务的完成情况，形成学徒总结。专题研修报告具有一定的技术含量。</td><td>总结、指导、审阅修改总结报告和研修报告。</td><td>1. 学徒培养总结报告。
2. 学徒岗位工作总结报告。
3. 学徒培养学习成果报告。
4. 专题研修技术报告或论文。</td><td>2</td></tr>
<tr><td>职业品质与工匠精神培养</td><td colspan="4">学徒按照准员工身份，在企业师傅言传身教、人格潜移默化影响下，在增值税、消费税、个人所得税、印花税、企业所得税的核算与申报等业务的跟岗工作开展中，训练业务能力，磨炼职业品质和素养，规范职业行为，在顶岗业务过程中，逐步形成工匠精神，培养出良好的职业素养。</td></tr>
<tr><td>工作学习资源</td><td colspan="4">http://www.cicpa.org.cn/中国注册会计师协会；http://www.ccfo.com.cn/中国总会计师；
http://www.chinaacc.com/中华会计网校</td></tr>
<tr><td>学徒学业考核评价方案</td><td colspan="4">按照学院学徒制试点改革方案，学徒学业评价给予企业学徒岗位工作情景，充分体现社会化学习成果和岗位工作成果，注重关键职业能力和技术技能掌握运用。

表 1　税金的计算
<table><tr><td>师傅指导记录</td><td>税金的计算评价</td></tr><tr><td></td><td></td></tr><tr><td>评价成绩：</td><td>年　　月　　日</td></tr></table>
表 2　税金会计分录的编制
<table><tr><td>师傅指导记录</td><td>税金会计分录的编制评价</td></tr><tr><td></td><td></td></tr><tr><td>评价成绩：</td><td>年　　月　　日</td></tr></table></td></tr>
</table>

续表

<table>
<tr><td>学徒岗位课程名称</td><td>报税会计</td></tr>
<tr><td>学徒学业考核评价方案</td><td>
表 3　填报纳税申报表
<table>
<tr><td>师傅指导记录</td><td>填报税纳税申报表评价</td></tr>
<tr><td></td><td></td></tr>
<tr><td>评价成绩：</td><td>年　　月　　日</td></tr>
</table>
表 4　学徒关键职业能力及职业品质、工匠精神评价表
<table>
<tr><td>项目</td><td>A</td><td>B</td><td>C</td><td>D</td></tr>
<tr><td>工作态度</td><td></td><td></td><td></td><td></td></tr>
<tr><td>吃苦耐劳</td><td></td><td></td><td></td><td></td></tr>
<tr><td>团队协作</td><td></td><td></td><td></td><td></td></tr>
<tr><td>沟通交流</td><td></td><td></td><td></td><td></td></tr>
<tr><td>学习钻研</td><td></td><td></td><td></td><td></td></tr>
<tr><td>认真负责</td><td></td><td></td><td></td><td></td></tr>
<tr><td>诚实守信</td><td></td><td></td><td></td><td></td></tr>
<tr><td colspan="3">企业带教师傅签名：</td><td colspan="2">日期：</td></tr>
</table>
</td></tr>
</table>

附录3
报税会计师傅选拔标准

为使会计专业的现代学徒制改革顺利开展并取得实效，确保企业师资水平能够满足本专业现代学徒制教学的需要，特制定本标准。

一、对象

会计专业现代学徒制企业师傅的选拔对象主要是有丰富的财务工作经验，业内工作 5 年以上，具备一线指导财务工作能力的在职人员。

二、条件

（1）热爱会计事业，对培养会计人才有充分热情，具有良好的政治思想素质和职业道德。

（2）具备丰富的处理问题能力，善于沟通和表达，掌握并灵活运用行业知识进行技能的传授和讲解能力。

（3）工作经历业绩突出，认同“传、帮、带”，近三年，在企业生产工作中，没有违纪、违章、违规行为。

（4）取得会计类专业的中级会计师以上（含）等级证书，在行业内具有一定声誉的财务人员。

（5）接受过专门的职业教育或系统的会计类专业技能培训。

（6）有制定、实施培训方案的能力，具备良好的语言表达能力和沟通交流能力。

（7）身体健康，心理健康，能坚持正常工作，男性 60 岁以下、女性 50 岁以下。

三、选拔程序

由企业根据选拔条件，结合企业实际情况，采取个人申报、企业推荐、由企业审核的方式进行选拔。

审核通过的师傅，需填写“行业师傅申报认定表”，经单位盖章后，由单位和合作院校共同审核。

经评审通过的师傅，发放聘书，聘期为三年。聘书加盖学院和师傅所在企业公章。

四、奖励办法

对于师傅带徒弟期间表现优秀的人员给予精神奖励，由单位和学院统一发文表彰，发给获奖证书。

将优秀师傅的评选获奖情况计入个人档案，作为晋职晋级的考核依据之一。

附录4 企业学徒选拔标准

一、学徒选拔的基本原则

坚持“公平、公正、公开”的原则，做到选拔条件与考核内容公开、选拔经过公开、选拔结果公开，选拔优秀学徒入企实践。

二、选拔对象、条件及人数

（一）选拔对象

新疆农业职业技术学院会计专业大二第一学期全体学生。

（二）选拔条件

(1) 思想端正，有良好的道德品质和文明行为习惯；

(2) 身体健康，对会计类工作热爱，具有团队合作意识；

(3) 专业课程成绩优秀，文化课程学习成绩较好；

(4) 有责任感和奉献精神，品行端正；

(5) 自愿参加，入选后同意参加企业现代学徒制培养。

（三）选拔人数

根据合作企业的选拔学徒的人数确定。

三、选拔程序

个人提出书面申请—经济贸易分院根据学生情况进行推荐—用人单位综合考核，确定人选—由企业、学院、学生和家长四方共同签订学徒协议。

四、学徒选拔考核技术标准

（一）考核命题标准

学徒选拔考核以会计从业资格国家职业标准的工作要求为基础，适当增加新知识、新技能等相关内容，以实际操作的形式进行考核。试题由学徒选拔企业组织有关专家统一命制。

（二）考核场地环境设计

采取有效措施确保考核环境安静，设置有考评专家进入现场巡视的专门通道，以不影响考核选手答题为标准。

（三）场地配置要求

会计专业考核需配置：会计实训室，内设工作台（每个学徒面积在 1～1.5m^2 之间）、照明设备、装有用友财务软件的电脑等材料。

（四）考核内容及要点

1. 考核方法

给定某企业一个月的业务，要求在财务软件进行基本的账务处理。

2. 考核内容

凭证的录入、试算平衡。

3. 考核时间

要求 2 小时内完成。

4. 技术要求

(1) 能够准确无误地建立账套。

(2) 根据给定业务进行部门、人员、往来账、科目的设置。

(3) 记账凭证录入、会计主管复核。

(4) 报表试算平衡。

（五）成绩评定

由合作企业组成专家组对考核作品进行评分。

通过对参选学徒现场操作，根据评分标准进行评定，考评其对会计基础知识的掌握程度，以此来认定学徒的真实业务水平和今后的发展潜力。

附录5
报税会计学徒岗位考核标准

一、考核时间

采取分阶段考核的方法，在每一个任务结束后进行考核。

二、考核人员

选派责任心强、教学工作能力强的企业技术人员和学校专业教师，共同对学徒进行评价考核，保障学徒的实习质量。

三、考核内容

考核内容主要分为三部分。第一部分为学徒在每个任务中从素养、态度、技能等方面自我评价；第二部分为学徒在每个任务期间的学徒态度、学徒表现等；第三部分为学徒在每个任务期间专业技能掌握程度。

四、考核程序

在完成每个任务后，填写“学徒轮岗期间考核表”。第一步，学徒自我鉴定；第二步，企业带教师傅对学徒的表现，包括态度、出勤、专注程度、钻研程度等，进行考核；第三步，企业带教师傅按照本专业学徒标准和学院指导教师共同对学徒进行技能考核；第四步，学校指导教师和企业带教师傅联合对学徒进行综合考核，并打上该项任务学徒成绩及等级。

五、考核成绩评定

自我鉴定占10%，轮岗表现占50%，专业技能考核占40%。

学徒自我鉴定成绩必须在 6 分及以上，轮岗表现必须在 40 分及以上，综合得分在 70 分及以上，方为考核合格。有下列情况之一者，轮岗成绩为不及格：

（1）未经批准，擅自改变学徒岗位的；

（2）未经批准，在校外轮岗擅自离岗的；

（3）轮岗期间表现差的；

（4）轮岗在岗时间未达到规定学时的三分之二的；

（5）轮岗单位鉴定为学徒成绩不及格的。

六、考核结果处理

（1）考核不及格者，延长轮岗时间，重新考核达到及格后，方可转入下一岗位。

（2）考核分优秀、良好、中等、及格、不及格五个等级。90 分及以上为优秀，80～89 分为良好，70～79 分为中等，60～69 分为及格，59 分以下为不及格。

学徒轮岗期间实习考核表

学校：________ 班级：________ 学徒姓名：________ 日期：________

实习任务		
自我鉴定（10 分）	职业素养（2.5）	□优 □良 □一般 □较差
	工作态度（2.5）	□优 □良 □一般 □较差
	出勤率（2.5）	□优 □良 □一般 □较差
	专业技能（2.5）	□优 □良 □一般 □较差
	得分	
实习表现（50 分）	得分： 企业带教师傅签名： 日期：	
专业技能（40 分）	报税程序掌握（10）	□优 □良 □一般 □较差
	申报表填报（10）	□优 □良 □一般 □较差
	操作熟练程度（10）	□优 □良 □一般 □较差
	业务处理（10）	□优 □良 □一般 □较差
	得分： 企业带教师傅签名： 日期：	
综合得分	（1）得分	
	（2）实习等级	□优 □良 □中等 □及格 □不及格

参考文献

［1］ 吉文丽. 税法［M］. 4版. 北京：清华大学出版社，2019.

［2］ 李克桥，毛德敏. 新编企业纳税实训［M］. 2版. 南京：南京大学出版社，2018.

［3］ 梁俊娇. 税法. 学习指导书［M］. 5版. 北京：中国人民大学出版社，2018.

［4］ 李凤荣，宣胜瑾. 税法实务［M］. 2版. 北京：中国人民大学出版社，2018.

［5］ 王碧秀. 税法［M］. 大连：东北财经大学出版社，2018.

［6］ 梁文涛，苏杉. 税法技能与拓展训练手册［M］. 2版. 大连：东北财经大学出版社，2019.

［7］ 国家税务总局公告2019年第3号.

［8］ 国家税务总局公告2019年第16号. 财税〔2018〕15号.